APPENDEMMO LE NOSTRE CETRE
AI SALICI

GUIDO MILANESE   AURELIO PORFIRI
ATHANASIUS SCHNEIDER

APPENDEMMO LE NOSTRE CETRE AI SALICI

La tragedia della musica sacra cattolica

CHORABOOKS
HONG KONG 2023

INDICE

CHE COS'È LA MUSICA SACRA

Viviamo in un tempo di grandi sconvolgimenti, un tempo in cui dobbiamo affrontare una pandemia, guerre, crisi energetiche. Ci sembra di non aver vissuto mai tempi così difficili e cerchiamo di immaginare il futuro cercando di non cedere alla disperazione e al pessimismo sistematico. Previsioni nefaste si affacciano sulle colonne dei giornali, che adombrano la possibilità di una guerra nucleare che renderebbe la distruzione dell'umanità una prospettiva del tutto realistica; dall'altro lato, l'estinzione dell'umanità a causa del mutamento del clima è prospettata da alcuni come un'ipotesi non irrealistica.

In un contesto globale come quello che stiamo vivendo, la domanda sulla sensatezza di alcuni argomenti di riflessione è sicuramente non priva di sue ragioni. A che cosa serve, in un mondo frammentato e disperato, ragionare sull'arte, sulla letteratura, sulla musica? E quale sensatezza può avere presentare uno studio sulla musica sacra cattolica, che costituisce un aspetto della pratica musicale che riguarda una minoranza sempre più esigua di persone, quelli che ancora frequentano la chiesa, e in realtà una minoranza di questa minoranza? Non si tratta di un argomento irrilevante, sia nel contesto della cultura generale, sia all'interno di un mondo cattolico che sembra sempre più affaccendato negli interessi di tipo sociale, umanitario, lasciando al margine il contenuto della Rivelazione e quindi necessariamente la liturgia, che della dimensione propriamente religiosa è espressione diretta, e quindi la musica sacra, che rappresenta a sua volta l'espressione della liturgia. Sembra, in sostanza, che ci siano cose più importanti di cui occuparci, anche all'interno dello stesso mondo cattolico.

In realtà l'importanza della musica sacra, che non appare a prima vista, è assai notevole e può svolgere un ruolo quasi rivelatorio nell'attuale situazione culturale e religiosa dell'Occidente (ex)-cattolico. La riflessione sulla musica sacra e sulla sua profonda crisi ci permette anche di capire le ragioni del declino del sacro in generale, della religione, dei valori perenni che ci hanno forgiato; ci permette di capire perché l'uomo sembra avviarsi verso una decadenza che del resto ha radici ben piantate nel passato. La crisi della musica sacra riguarda tutti noi, ci riguarda come esseri umani; speriamo che, dopo aver letto questo libro, tutto questo possa risultare abbastanza chiaro. Occuparsi della musica sacra significa andare a scavare le fondamenta su cui si poggia la nostra civiltà, guardare negli occhi il declino del nostro Occidente nella caduta di alcuni suoi elementi portanti. La crisi della musica sacra non rappresenta semplicemente un fatto di estetica musicale, ma mette in luce aspetti fondamentali dell'attuale "crisi dell'Occidente" e in particolare della crisi della Chiesa Cattolica.

Innanzitutto, che cos'è la musica sacra? La risposta a questa domanda è semplice e complessa allo stesso tempo; anche la stessa definizione di "musica sacra" presenta problemi: ma su questo torneremo nel prossimo capitolo. Come definizione generale di lavoro, per definire almeno provvisoriamente l'oggetto del discorso, potremmo definire "musica sacra" la musica appropriata al culto liturgico, la musica che con il culto forma un elemento inscindibile[1]. La musica sacra non è cosa "altra" o accessoria rispetto al culto, ma costituisce parte intrinseca di esso. Giovanni Sariberiense di Salisbury (1120-1180), un grande intellettuale dell'Inghilterra medievale, che fu segretario di Thomas Becket divenendo poi Vescovo di Chartres, ci offre un'interessante ragione per cui fu introdotta la musica sacra nel culto: «Per elevare i costumi e trascinare gli animi verso il culto del Signore, in una sana giocondità, i Santi Padri stimarono bene doversi ricorrere non soltanto all'armonioso suono delle voci umane, ma anche all'armonia degli strumenti: purché ciò si facesse in modo che servisse ad unire di più al Signore e ad accrescere il rispetto

---

[1] Una distinzione tra il più ampio concetto di "musica sacra" e quello più specifico di "musica liturgica" sarà proposta nei prossimi capitoli.

per il culto della Chiesa». Il testo medievale venne poi citato, nel 1749, dal papa Benedetto XIV nella sua enciclica *Annus qui hunc*, dedicata al decoro degli edifici sacri e alla dignità della liturgia e della musica sacra[2]. Giovanni di Salisbury afferma dunque che lo scopo della musica sacra è quello di "elevare i costumi" e "trascinare gli animi verso il culto del Signore".

Questa idea del "trascinare gli animi" ci offre una immagine molto bella, affermando che la musica ha una forza che sorpassa quella della semplice parola; laddove la semplice parola non è efficace la musica aggiunge una dimensione non accessoria, che è importante, anzi decisiva per vincere gli animi al Signore. In effetti questa idea si ritrova di frequente nella storia del magistero ecclesiastico, da Leone XIII, a san Pio X, a tutti i papi del Novecento, oltre che, naturalmente, nel celebre testo del Concilio Vaticano II (cap. VI). La prima espressione novecentesca di queste esigenze si trova nel *Motu Proprio* di san Pio X del 22 novembre 1903 sulla musica sacra, *Tra le sollecitudini*, n. 1, in cui per definire la musica sacra egli dice[3]:

> *"La musica sacra, come parte integrante della solenne liturgia, ne partecipa il fine generale, che è la gloria di Dio e la santificazione e edificazione dei fedeli. Essa concorre ad accrescere il decoro e lo splendore delle cerimonie ecclesiastiche, e siccome suo officio principale è dì rivestire con acconcia melodia il testo liturgico che viene proposto all'intelligenza dei*

---

[2] Ioannes Sarisberiensis, *Policraticus*, I 6, ed. Keats-Rohan, *CCCM* 118: *Ad mores itaque instruendos et animos exultatione virtutis traiciendos in cultum Domini non modo concentum hominum sed et instrumentorum modos censuerunt sancti patres Domino applicandos, cum templi reverentiam dilatarent.* L'enciclica *Annus qui hunc* di Benedetto XIV (Prospero Lambertini, 1675-1758, papa dal 1740), cita il testo di Giovanni di Salisbury nel cap. 5 dell'enciclica, che si legge in latino all'indirizzo web https://cappellagregoriana.files.wordpress.com/2017/09/annus-qui-hunc-lt.pdfe in inglese a
https://www.papalencyclicals.net/ben14/annus-qui-hunc.htm

[3] Testo italiano: https://www.vatican.va/content/pius-x/it/motu_proprio/documents/hf_p-x_motu-proprio_19031122_sollecitudini.html; inglese https://adoremus.org/1903/11/tra-le-sollecitudini/; latino https://www.vatican.va/content/pius-x/la/motu_proprio/documents/hf_p-x_motu-proprio_19031122_sollecitudini.html.

fedeli, così il suo proprio fine è di aggiungere maggiore efficacia al testo medesimo, affinché i fedeli con tale mezzo siano più facilmente eccitati alla devozione e meglio si dispongano ad accogliere in sé i frutti della grazia, che sono propri della celebrazione dei sacrosanti misteri".

Ritorna anche qui l'idea della efficacia maggiore che la musica offre rispetto al semplice testo, ma anche che la liturgia deve risplendere di bellezza, non essere semplicemente un rito asettico e puramente funzionale. La Chiesa in tutti secoli ha sempre riconosciuto il più grande valore alla bellezza nella sua espressione liturgica, perché sapeva che essa costituisce il mezzo precipuo per attirare le persone a Dio[4]. Attrarre il mondo a Dio, o meglio le singole persone, è il compito essenziale che spetta alla Chiesa; altre dimensioni, come l'impegno sociale e politico, sono certamente positive e concorrono al bene del mondo; ma tali attività possono essere svolte in modo ugualmente positivo da organizzazioni puramente mondane, quali le agenzie internazionali o le associazioni, mentre il compito che la Chiesa ha ricevuto dal suo divino fondatore è quello di "battezzare tutti i popoli", cioè di attrarre il mondo a Dio[5]: la Chiesa è stata fondata da Gesù Cristo per portare le anime a Dio. La liturgia è il luogo privilegiato in cui questo deve accadere, parallelamente alla trasmissione della dottrina; secondo un antico detto della Chiesa, la liturgia in un certo senso stabilisce la dottrina: la liturgia non è un'azione indifferente nei confronti del contenuto della fede, ma, poiché esprime il contenuto della fede, alterare la liturgia significa, in modo impercettibile dai più, ma efficace soprattutto nei tempi lunghi, portare ad un'alterazione del contenuto della fede [6]; ne deriva quindi che quanto si toglie alla

---

[4] Oltre ai molti interventi del magistero della Chiesa e alle potenti riflessioni di Joseph Ratzinger su questo punto (ad es. il breve discorso di Ratzinger 2006), converrà riferirsi alle fini analisi di un grande filosofo contemporaneo, l'anglicano Roger Scruton (1944-2020): si veda Scruton 2009.

[5] Matteo 28, 19: «andate, trasmettete la dottrina a tutti i popoli e battezzateli», *euntes docete omnes gentes baptizantes eos*.

[6] La formula secondo la quale la prassi liturgica "regola" il contenuto della fede deriva da un passo di Prospero di Aquitania, *Indiculus de gratia Dei (Capitula Caelestini)*, 8 (PL

liturgia si toglie anche all'evangelizzazione. la musica sacra è interna all'azione liturgica, non ne costituisce un ornamento casuale, ma ne rappresenta invece un'espressione piena che giunge dove la parola semplicemente pronunciata non può giungere, ne deriva che vigilare sulla musica sacra è particolarmente importante. Tra le altre istruzioni contenute nel *Motu Proprio* di san Pio X prima citato, vi è anche questa (n. 26):

"Nelle ordinarie lezioni di liturgia, di morale, di gius canonico (diritto canonico) che si danno agli studenti di teologia, non si tralasci di toccare quei punti che più particolarmente riguardano i principii e le leggi della musica sacra, e si cerchi di compierne la dottrina con qualche particolare istruzione circa l'estetica dell'arte sacra, affinché i chierici non escano dal seminario digiuni di tutte queste nozioni, pur necessarie alla piena cultura ecclesiastica".

Insomma, la musica sacra deve, o dovrebbe, essere presentata ai seminaristi in modo che essi possano comprendere l'importanza che essa ricopre nella liturgia: la musica sacra, secondo il Papa, dovrebbe costituire parte normale dell'educazione del clero, parallelamente ad una almeno elementare educazione in merito all'arte sacra; e si osservi anche la precisa disposizione del Papa, al n. 24 dello stesso documento, di incaricare «persone veramente competenti in musica sacra» per seguire, nelle varie diocesi, il processo di miglioramento del livello artistico e quindi liturgico e spirituale di quest'arte. Queste richieste, certamente non messe in pratica completamente neppure al tempo dell'emissione del documento papale, sono attualmente del tutto dimenticate: il risultato è che il clero non riceve normalmente nei seminari alcun tipo di educazione musicale o artistica in generale. Il risultato di questa ignoranza è che la

---

51, 209: manca ancora un'edizione critica moderna): *ut legem credendi lex statuat supplicandi*: «sicché la legge della liturgia stabilisca la legge del credere». Il testo è spesso tradotto male e meriterebbe uno studio apposito; si veda intanto Lang 2022, 313 n. 18. Tra la bibliografia precedente ad es. Clerck 1994 e più di recente Hwang 2010, p. 82, che ha ridotto il significato della formula all'interpretazione di un particolare passo neotestamentario.

maggior parte dei sacerdoti che hanno studiato negli ultimi decenni non hanno nessuna idea di che cosa sia la musica sacra, e conseguentemente non sono in grado di comprenderne il senso e la funzione. La natura di casualità che si avverte nella musica sacra cattolica ricorda quanto osservava Newman più di un secolo e mezzo fa a proposito del clero anglicano del suo tempo: parlare con un sacerdote cattolico o con un altro, dice Newman, non porta a rilevare differenze dottrinali, mentre tra il clero anglicano regna la più confusa disparità di vedute, il che portava a domandarsi: esiste davvero una fede anglicana? Newman osservava anche che la liturgia anglicana del suo tempo era caratterizzata da continui cambiamenti, da un caotico fare e disfare esattamente opposto alla stabilità della liturgia e della fede cattolica[7]?

"capisco quello che intende il cattolico quando dice che ascolta la voce della Chiesa; significa in pratica che ascolta la voce del primo prete che incontra. Ogni prete è la voce della Chiesa. Questo è perfettamente comprensibile. Nelle questioni di dottrina, crede alla parola di un prete qualunque. Ma quale è e dov'è, la "parola" della Chiesa, nella quale dicono di credere quelli che dice lei? È quand'è che esercitano la loro fede? Non è forse vero che gli ecclesiastici anglicani non sono mai d'accordo fra di loro questioni di fede, e che ciò che il primo afferma, il secondo lo nega? Cosicché l'anglicano, ammesso che lo voglia, non può credere in loro, e deve per forza di cose scegliere tra di loro, anche se non gli va?"[8]

[7] La citazione è tratta da Newman 2014, p. 381 = p. 375 della traduzione italiana. Su Newman e la musica bibliografia e analisi in Milanese 2014, p. 29.

[8] I understand what a Catholic means by saying that he goes by the voice of the Church; it means, practically, by the voice of the first priest he meets. Every priest is the voice of the Church. This is quite intelligible. In matters of doctrine, he has faith in the word of any priest. But what, where, is that 'word' of the Church which the persons you speak of believe in? and when do they exercise their belief? Is it not an undeniable fact, that, so far from all Anglican clergymen agreeing together in faith, what the first says, the second will unsay? so that an Anglican cannot, if he would, have faith in them, and necessarily, though he would not, chooses between them. How, then, has faith a place in the religion of an Anglican?"

Da qui il valore essenziale dell'educazione del clero alla liturgia e alla musica sacra: senza di essa, il risultato è la confusione attuale, in cui quando si entra in una chiesa sconosciuta non si sa assolutamente se si troverà una liturgia celebrata rispettando il senso della liturgia come servizio di Dio o se si incontrerà un'ansiosa continua esibizione di "creatività liturgica, cioè di confusione dilettantesca. La musica sacra è vittima di tutta questa confusione, fondata su ignoranza da un lato e su quella perdita di fede che, come osservato da decenni da Joseph Ratzinger, è insieme causa ed effetto della crisi liturgica[9]. In particolare, la frammentazione denunciata da Newman come caratteristica della chiesa anglicana del suo tempo caratterizza la prassi musicale nelle chiese cattoliche di oggi: spesso, inoltre, la scelta della musica adoperata nella liturgia giunge a ricoprire un indebito e strumentale ruolo identitario, venendo a caratterizzare singoli gruppi particolari anziché presentarsi come la *vox Ecclesiae* al servizio di Dio e della conversione dei fedeli.

Questo accade perché, come tutte le forme di arte, allo stesso modo in cui la musica attira al bene può anche attirare al male, se non è veramente "sacra". La musica non è mai "neutra", e ciò vale anche per la musica sacra o definita come tale. La musica ha un potere buono ma anche uno cattivo; questo aspetto non si deve sottovalutare quando si tratta di musica sacra e di tutta quella musica che viene al tempo nostro usata nella liturgia, pur essendo profondamente indegna di essere parte dell'azione liturgica. Chi si dedica alla musica sacra deve sapere che essa deve guidare al bene delle anime; quando non porta a questo scopo non possiamo definirla come tale. Nella bellezza e nello splendore della musica sacra noi vediamo riflessa la bellezza stessa di Dio, quell'intuizione di un'esigenza espressiva che è sempre al di sopra delle nostre capacità umane che davvero ogni vero artista avverte (sia che si tratti di un pittore, di un compositore di musica, di uno scrittore, di un cantante o di uno strumentista), sulla quale richiamava efficacemente il testo di Karol

---

⁹ Ratzinger si è soffermato su questi concetti sino dai primi anni '80, a partire da Ratzinger 1981. Vari interventi di Ratzinger verranno di volta in volta richiamati nel corso del presente volume.

Wojtyła richiamato qui oltre (cfr pag. 9). Abbiamo visto come essa esista per la gloria di Dio *in primis* e poi per l'edificazione dei fedeli. La gloria di Dio precede l'edificazione dei fedeli: bisogna rimettere Dio al centro, come già detto ne *La Messa Cattolica*. Non dobbiamo detronizzare Dio dal posto che a Lui spetta. Ecco perché è veramente importante vigilare sul fatto che Dio possa essere onorato come a Lui è dovuto e non attraverso prodotti dozzinali, che sono indegni della Sua gloria. Ancora una volta si può ricordare Roger Scruton, che afferma come nella cultura contemporanea sia avvenuta una vera e propria "espulsione" della bellezza: la liturgia sembra vergognarsi della bellezza, e la musica sacra, che della liturgia è espressione somma, non può non seguirne l'orientamento. La visione "performativa" che si è affermata (ossia che la liturgia "serva" solo a *fare* delle cose) ha reso impossibile il vero compito della musica sacra, che è quello di "aprire" lo spirito e la mente al compimento della propria totalità umana.

Si pensa oggi frequentemente che ogni musica sia accettabile nella liturgia cattolica, alla semplice condizione che essa accompagni un testo sacro, o genericamente di natura religiosa, o almeno vagamente spirituale. Non va dimenticato che i testi stessi sono spesso indegni di entrare nell'azione liturgica, a causa della loro frequente banalità e indeterminatezza, o, per riprendere la terminologia di Ratzinger, della loro natura decisamente "orizzontale", ossia incapace di aprire verso il Trascendente[10] Ecco allora che si sono introdotte musiche che meglio suonerebbero in un supermercato o in un aeroporto. In particolare la presunta "pastorale giovanile" impose fin dagli anni '70 musiche degne al massimo di una discoteca di scarso livello, ipotizzando che questa operazione culturale potesse ottenere il risultato di avvicinare i giovani alla Chiesa. Così non è avvenuto, poiché le giovani generazioni ormai da decenni hanno ab-

---

[10] Conviene anche qui rimandare alla *Festa della fede* oltre che all'agile e affascinante saggio sullo *Spirito della Liturgia* (Ratzinger 2001), scritto pochi anni prima dell'elevazione al sommo pontificato. Il problema della banalizzazione riguarda anche le traduzioni adoperate nella liturgia: si veda l'ormai classico Bianchi 2002.

bandonato in massa la Chiesa; ma, più fondamentalmente ancora, tutta questa operazione si poggia su un falso presupposto. La domanda infatti dovrebbe essere: «a che cosa avviciniamo i giovani?» L'idea del Movimento Liturgico originario era quella di avvicinare i fedeli alle ricchezze della liturgia, non quella di abbassare il livello della liturgia immaginando di "adattarlo" alla banalità del quotidiano, confondendo questo abbassamento con le pretese "esigenze" dei fedeli. Questa operazione è molto triste perché non solo banalizza la liturgia (il che sarebbe già estremamente grave) ma si fonda inoltre su una rappresentazione dei fedeli come persone incapaci di apprezzare la bellezza e la sacralità. In realtà, il mondo di oggi è drammaticamente assetato di ricevere un'apertura oltre la piattezza della vita consumistica: gli uomini di oggi, «sazi e disperati», per riprendere una nota espressione del cardinale Giacomo Biffi, avvertono quella fame di essenziale e di fondamentale che sant'Agostino descrisse così perfettamente più di millecinquecento anni fa: una fame di compimento, un *cor inquietum*, che è di tutto l'uomo, sempre, in ogni epoca[11].

Questa profanazione del sacro non ha prodotto alcun risultato positivo: ha prostrato la liturgia e la musica sacra alla banalità del quotidiano, assimilandolo alla banalità del mondo e spesso alla negatività di linguaggi musicali violenti e volgari. Perché non possiamo immaginare che i giovani abbiano sete di bellezza? In effetti non abbiamo visto come i giovani, quando le cose vengono loro proposte nel modo appropriato, sono quelli che con più entusiasmo si gettano alla sequela della vera bellezza? Sono loro stessi testimoni di quell'abisso di luce di cui parlava san Giovanni Paolo II nella sua *Lettera agli Artisti* del 1999, in cui ci sorprendeva con queste affermazioni[12]:

---

[11] Il riferimento ad Agostino è a *Confessioni* I 1, 6: *inquietum est cor nostrum, donec requiescat in te.*

[12] *Lettera di Giovanni Paolo II agli artisti*, n. 6: testo italiano https://www.vatican.va/content/john-paul-ii/it/letters/1999/documents/hf_jp-ii_let_23041999_artists.html; testo inglese (*Letter of his holiness Pope John Paul II to artists*) https://www.vatican.va/content/john-paul-ii/en/letters/1999/documents/hf_jp-ii_let_23041999_artists.html.

"In effetti, ogni autentica intuizione artistica va oltre ciò che percepiscono i sensi e, penetrando la realtà, si sforza di interpretarne il mistero nascosto. Essa scaturisce dal profondo dell'animo umano, là dove l'aspirazione a dare un senso alla propria vita si accompagna alla percezione fugace della bellezza e della misteriosa unità delle cose. Un'esperienza condivisa da tutti gli artisti è quella del divario incolmabile che esiste tra l'opera delle loro mani, per quanto riuscita essa sia, e la perfezione folgorante della bellezza percepita nel fervore del momento creativo: quanto essi riescono ad esprimere in ciò che dipingono, scolpiscono, creano non è che un barlume di quello splendore che è balenato per qualche istante davanti agli occhi del loro spirito. Di questo il credente non si meraviglia: egli sa di essersi affacciato per un attimo su quell'abisso di luce che ha in Dio la sua sorgente originaria. C'è forse da stupirsi se lo spirito ne resta come sopraffatto al punto da non sapersi esprimere che con balbettamenti? Nessuno più del vero artista è pronto a riconoscere il suo limite ed a far proprie le parole dell'apostolo Paolo, secondo il quale Dio «non dimora in templi costruiti dalle mani dell'uomo», così che «non dobbiamo pensare che la Divinità sia simile all'oro, all'argento e alla pietra, che porti l'impronta dell'arte e dell'immaginazione umana» (At. 17,24.29). Se già l'intima realtà delle cose sta sempre «al di là» delle capacità di penetrazione umana, quanto più Dio nelle profondità del suo insondabile mistero!".

Ecco, anche per i giovani, come per tutti, è possibile partecipare alla folgorazione della creazione artistica mettendosi in ascolto di Dio che parla per voce del musicista, del pittore, del poeta o del filosofo.

Si afferma di frequente che la musica sacra non esisterebbe, cioè che ogni musica avrebbe in sé la potenzialità per poter essere impiegata nella liturgia. Ma questo è vero? Se questo fosse vero, potremmo allora dire che non esiste ad esempio musica militare? O diremmo che non esiste musica pop? Detto questo potremmo anche affermare che qualunque musica può diventare musica militare, a condizione che venga eseguita durante delle esercitazioni militari; oppure che un *raga* indiano diviene musica pop se viene eseguito in una discoteca. Certamente non è necessaria una profonda preparazione musicologica per capire che l'operazione di annullamento della tradizione musicale della Chiesa cattolica, effettuata probabilmente con buone intenzioni, si è risolta nella privazione di quel nutrimento che la vera musica sacra offre per la sua bellezza e per il senso di adorazione di cui è ripiena.

Dobbiamo stare attenti qui a cadere in un altro errore: pensare che possa considerarsi musica sacra tutta quella che non sia espressione immediatamente profana. Anche qui dobbiamo evitare di cadere in facili definizioni semplificatorie. Sappiamo bene che il sacro è categoria ampia a cui molti autori si sono dedicati e che non possiamo racchiudere soltanto nella sua manifestazione nell'ambito cattolico. Per i cattolici ovviamente il sacro è la manifestazione di Dio, ma questo concetto può prendere molte forme, più o meno legate alla religione. Quindi dire che un canto taoista è sacro anche per un cattolico è certamente una sovrainterpretazione mistificante del concetto cattolico di "sacro". Un canto buddista ha un valore sacrale per coloro che aderiscono a quel sistema religioso e deve essere rispettato culturalmente; ma si fonda su una visione del mondo completamente diversa da quella cattolica, e, per ovvia conseguenza, non può entrare in un atto liturgico cattolico.

Per quello che riguarda i repertori delle altre confessioni cristiane diverse da quella cattolica, il discorso è più complesso. Non possiamo non apprezzare la tradizione musicale di alcune di queste comunità, come la ortodossa, l'anglicana e le varietà del composito mondo protestante, e non possiamo nasconderci che, specie per quanto riguarda le ultime due, molto delle loro tradizioni musicali è diretta derivazione dalla tradizione musicale della Chiesa cattolica. Detto questo, la nostra tradizione musicale presenta sue caratteristiche specifiche, che non debbono essere abbandonate per affidare l'intero repertorio liturgico al linguaggio musicale ad esempio del corale luterano. Si può certamente usare quello che è utile e renderlo adatto alla liturgia cattolica; ma non si vede la ragione perché le tradizioni musicali ad esempio della chiesa luterana debbano sostituire i linguaggi musicali che la chiesa cattolica ha sviluppato nel corso della sua lunga storia.

DEFINIRE L'OGGETTO: MUSICA SACRA, MUSICA LITURGICA, MUSICA RITUALE, MUSICA RELIGIOSA

Affrontato il discorso sull'importanza della musica sacra dobbiamo esaminare una questione che ha certamente la sua importanza. Questa riguarda il nome stesso che attribuiamo ai repertori che ci interessano: le oscillazioni lessicali su questo problema sono infatti molto notevoli. Questi repertori sono stati infatti definiti, e tuttora sono definiti, in vario modo: «musica liturgica, musica rituale, musica di Chiesa, musica religiosa, musica sacra» e via dicendo. Come diceva saggiamente il pensatore cinese Confucio, bisogna saper dare ai termini il loro significato:

"Zilu disse: «Il signore di Wei intende affidarti il governo. Che cosa ti proponi di fare per prima cosa?». Il Maestro disse: «Per prima cosa occorre rettificare i nomi». Zilu replicò: «Proprio questo? Sei in errore. A che pro rettificare?». Il Maestro disse: «Sei proprio rozzo, You. L'uomo superiore è cauto quando non conosce. Se i nomi non sono corretti, le parole non sono ragionevoli; se le parole non sono ragionevoli, gli affari non giungono a compimento; se gli affari non giungono a compimento, i riti e la musica non sono fiorenti; se i riti e la musica non sono fiorenti, le pene e i castighi non sono equi; se le pene e i castighi non sono equi, il popolo non sa dove mettere le mani e i piedi. Perciò, quando l'uomo superiore pronuncia un nome, il nome deve potersi dire, e ciò che vien detto deve potersi mettere in pratica. In quel che l'uomo superiore dice nulla è scorretto»" (Confucio. *Massime di saggezza*, a cura di Paolo Santangelo. Roma: Newton Compton editori).

Una premessa utile sarà quella di fare riferimento all'importanza della musica sacra nell'Antico Testamento. La citazione che segue può dare un'idea di quale fosse l'importanza che veniva data al cantore del Tempio e alla musica per il culto a Dio:

"Per trovare un primo antenato del nostro cantore, possiamo, come dicevamo sopra, volgere il nostro sguardo al mondo ebraico. Già nelle testimonianze più antiche dell'Antico Testamento, troviamo degli antenati importanti per il nostro. Pensiamo per esempio al celeberrimo momento narrato in Esodo in cui il mare copre gli oppressori egiziani; in quel momento, ripieni della visione della potenza di Dio, gli israeliti non possono che dare sfogo alla loro gioia nel canto. Ecco il racconto: "Allora Maria, la profetessa, sorella di Aronne, prese in mano un timpano: dietro a lei uscirono le donne con i timpani, formando cori di danze. <u>Maria fece cantare loro il ritornello</u>: "Cantate al Signore perché ha mirabilmente trionfato: ha gettato in mare cavallo e cavaliere!""" (Esodo 15, 20-21). La profetessa Maria quindi insegna il ritornello del cantico della vittoria, si pone come "songleader" (come direbbero gli americani), come colei che guida il canto. Lo stesso Mosè, proprio il grande condottiero del popolo ebraico, lo possiamo spesso trovare impegnato in questo ruolo. E lo stesso Signore glielo aveva ordinato: "Ora scrivete per voi questo cantico e insegnatelo agli Israeliti; mettetelo loro in bocca perché questo cantico mi sia di testimonio contro gli israeliti." (Deuteronomio 31, 19). Dopo l'ordine del Signore Mosè scrive il canto e lo insegna lui stesso agli Israeliti (Deuteronomio 31, 22). E dopo aver pronunciato questo canto solenne, ci dice ancora il Deuteronomio, "Mosè venne con Giosuè, figlio di Nun, e pronunziò agli orecchi del popolo tutte le parole di questo canto." (Deuteronomio 32, 44). Un particolare interessante che ci viene segnalato nella Bibbia di Gerusalemme, è che in questo punto la traduzione detta dei settanta, inserisce il versetto 31, 22 ("Mosè scrisse quel giorno questo canto e lo insegnò agli Israeliti") e al posto di canto viene sostituita la parola legge. E' interessante sapere che la parola ebraica usata per il passaggio in 31, 22, è Shiyr, il cui significato è proprio "canto" o "cantare". Tutte le traduzioni riportano questo tipo di interpretazione, dalla latina "Canticum", all'italiana "canto", alle anglosassoni "song" (da tenere presente che questa interpretazione nelle traduzioni inglesi è presente dalla King James Version fino alle attuali). Andando avanti nel tempo, non possiamo non constatare come l'attenzione per il servizio musicale presso gli Israeliti fosse sempre attenta e costante, e come ci si preoccupava che chi doveva servire come cantore, non fosse uno qualunque ma che rispondesse a precisi requisiti. Sappiamo che dopo che fu

sistemata l'arca dell'alleanza nel tempio, lo stesso re Davide volle scegliere a chi affidare il servizio musicale nel tempio stesso (1 Cronache 6, 16). E viene detto con chiarezza che nel loro servizio i cantori "si attenevano alla regola fissata per loro"; non si improvvisava niente (cosa vi fa pensare questo?). Tutti questi cantori, agli ordini diretti spesso del re, erano anche definiti "esperti nel canto" (1 Cronache 25), ed erano tenuti in grande considerazione per il compito che svolgevano. È probabile che, dopo l'organizzazione del servizio musicale nel tempio, il ruolo dell'animatore liturgico (uso la parola a noi familiare solo per intenderci meglio, anche se impropria) sia andato affievolendosi in favore dei "diritti" del coro e che il canto si sia distinto per la sfarzosità dovuta a un gran numero di esecutori. Però non intendo formulare ipotesi sulla musica che si eseguiva nel tempio in quanto gli stessi studiosi di religione ebraica ci dicono che poco si può dire su questo argomento, e che i passi presenti nelle Sacre Scritture sono spesso di interpretazione incerta"[13].

È molto importante essere in grado di comprendere che cosa intendiamo con una certa definizione e soprattutto quale sia la più adeguata per poter definire l'oggetto di discorso, il referente del nostro ragionamento. Nel nostro caso bisogna dire che in tutte le definizioni che ci vengono proposte ci sono limiti e potenzialità; penso tuttavia che dovremmo scegliere quella che ci sembra più adeguata, considerando inoltre che, riferendosi a realtà che attengono al soprannaturale, il vocabolario corrente potrebbe quasi inevitabilmente rivelarsi inadeguato. Va considerato anche un aspetto linguistico: ogni lingua presenta aree semantiche non sovrapponibili alle aree semantiche di altre lingue. Un'analisi lessicale e semantica quale quella che qui si propone non può quindi pretendere di risolvere i problemi interlinguistici che inevitabilmente si presentano. Esistono certamente aree semantiche lessicalizzate in modalità proprie a determinate lingue, impossibili a risolversi con un solo traducente nel passaggio da una lingua all'altra. Le proposte che seguono, quindi, hanno un valore indicativo ma non pretendono una validità universale.

---

[13] PORFIRI 2021.

1. Musica liturgica

Una delle definizioni della musica per la liturgia è, appunto, «musica liturgica». Ora, certamente non sembra che questa definizione presenti problemi particolari. San Pio X nel suo *Motu Proprio* sulla musica sacra definisce i repertori oggetti del suo documento con l'espressione latina *musica sacra* (identica nella traduzione italiana del documento), utilizzando l'espressione *musica liturgica* (anche qui sia in latino sia in italiano) soltanto in due occasioni, come titolo del settimo paragrafo (*De amplitudine musicae liturgicae = Ampiezza della musica liturgica*) e in questo passaggio (n. 25 del documento):

> *"Nei seminari dei chierici e negli istituti ecclesiastici, giusta le prescrizioni tridentine, si coltivi da tutti con diligenza ed amore il prelodato canto gregoriano tradizionale, ed i superiori siano in questa parte larghi di incoraggiamento e di encomio coi loro giovani sudditi. Allo stesso modo, dove torni possibile, si promuova tra i chierici la fondazione di una Schola Cantorum per l'esecuzione della sacra polifonia e della buona musica liturgica[14]".*

In un caso, inoltre, si parla di musica *sacra et liturgica* (n. 3 del documento). L'espressione *musica liturgica* è utilizzata meno frequentemente di *musica sacra*, che sembra essere la forma normale impiegata nel documento papale del 1903. Troviamo nel *Motu Proprio* anche una menzione di "canto liturgico" (n. 12):

> *"Tranne le melodie proprie del celebrante all'altare e dei ministri, le quali devono essere sempre in solo canto gregoriano senza alcun accompagnamento d'organo, tutto il resto del canto liturgico è proprio del coro dei leviti, e però i cantori di chiesa, anche se sono secolari, fanno propria-*

---

[14] In seminariis clericorum et in conventibus ecclesiasticis, iuxta Tridentina decreta, magna cum diligentia et studio cantus gregorianus, quem transmisit traditio, colatur, et iuvenibus praepositi omnimodo faveant. Ubi fieri potest inter clericos Schola Cantorum erigatur, quae sacram poliphoniam et optimam musicam liturgicam exequatur.

mente le veci del coro ecclesiastico. Per conseguenza le musiche che propongono devono, almeno nella loro massima parte, conservare il carattere di musica da coro[15]".

Come vediamo qui si parla anche di "cantori di Chiesa" (*cantores ecclesiastici*), e su questo ci soffermeremo più tardi. Il documento evidentemente si riferisce alla prassi, comune all'epoca, di affidare a "numeri" solistici le parti del testo (ad es. di un *Gloria*), assumendo quel carattere di tipo operistico che il movimento ceciliano stava osteggiando ormai da decenni: anche il coro composto da laici è accettabile, ma, svolgendo un ruolo ministeriale tipicamente svolto dai chierici, deve eseguire musiche "almeno nella loro massima parte" (aggiunta del testo italiano rispetto al latino), di carattere corale e non solistico.

Pio XI, nel suo documento *Divini Cultus Sanctitatem* (1928), parla quasi esclusivamente di "musica sacra" ma quando si riferisce al canto lo chiama "canto liturgico": per esempio il Papa si riferisce all'educazione del clero alla musica liturgica (n. 2 del documento: *in liturgica musica institutio*) o alla formazione delle *scholae cantorum* e dei gruppi corali, che devono ricevere un'adeguata educazione *liturgicis cantibus* (n.10)[16].

Quindi vediamo come l'appellativo «liturgico», collocato accanto a «musica» o «canto», emerga già dai primi documenti del secolo ventesimo che trattano dal punto di vista del magistero della Chiesa, quindi in modo autoritativo, queste questioni.

---

[15] *Praeter melodias celebrantis ad altare et ministrorum, quae cantu gregoriano semper cani debent sine organi sequentia, quae cantus liturgici extant sunt Chori Levitarum, ideoque cantores ecclesiastici, quamvis non clerici, chori ecclesiastici munere funguntur. Musica igitur quae proponitur servare debet formam musicae choralis.*

[16] Il documento è riprodotto nel testo latino presso il sito della Santa Sede; al momento (marzo 2023) non sono provvedute traduzioni né in inglese né in italiano. Cfr https://www.vatican.va/content/pius-xi/la/apost_constitutions/documents/hf_p-xi_apc_19281220_divini-cultus-sanctitatem.html. Un testo italiano a fronte del latino si trova tuttavia presso il sito "Chiesa e comunicazione": cfr https://www.chiesaecomunicazione.com/doc/bolla_divini-cultus_1928.php. In inglese esisteva una traduzione presso http://adoremus.org ma attualmente il testo non risulta disponibile.

2. Musica sacra

Per quello che riguarda il termine "musica sacra" bisogna ovviamente bene intendersi sull'uso che viene fatto di questi termini.

Il papa Benedetto XIV nel 1749 nella sua enciclica *Annus Qui* non usa il termine "musica sacra"[17]; è molto più preoccupato di distinguere e regolare la musica figurata (che nel documento viene chiamato *cantus harmonicus seu musicus* ("canto musicale") dal canto gregoriano (canto ecclesiastico). Larga parte del documento si dedica (riprendendo, con precisa documentazione, il dibattito sulla musica sacra al tempo del Concilio di Trento) a esaminare la possibilità di usare o meno la musica polifonica e gli strumenti musicali nella liturgia. La risposta del Papa è quella che diventerà poi costante nel magistero della Chiesa: l'importante è che non si renda difficile o peggio impossibile l'intelligenza del testo. Gli strumenti vanno usati

"esclusivamente per sostenere il canto delle parole, affinché vieppiù il senso di esse si imprima nella mente degli uditori, e gli animi dei fedeli vengano eccitati alla contemplazione delle cose spirituali, e siano spronati ad amare di più Dio e le cose divine [...] Se però gli strumenti suonano in continuazione, e solo qualche volta si chetano, come si usa oggi, per lasciare tempo agli uditori di sentire le armoniche modulazioni, le vibranti puntate delle voci, volgarmente chiamati i trilli; se, per il rimanente, non fanno altro che op-primere e seppellire le voci del coro, e il senso delle parole, allora l'uso degli strumenti non raggiunge lo scopo voluto, diventa inutile, anzi rimane proibito ed interdetto[18]".

---

[17] L'espressione è adoperata solo in due citazioni dalle opere dello scrittore ecclesiastico Jeremias Drexel (1581-1638), un autore le cui opere erano molto diffuse nel Seicento e vennero in parte tradotte anche in italiano.

[18] n. 12 del documento. Testo latino: *illa (= instrumenta) adhibeantur solummodo ad vim quamdam verborum cantui quodammodo adiiciendam, ut magis magisque audientium mentibus eorum sensus instigatur, commoveanturque fidelium animi ad spiritualium rerum contemplationem, et erga Deum Divinarumque rerum amorem incitentur [...] At vero si instrumenta continenter personent, et solum interdum, ut hodie fieri solet, per momenta aliqua interquiescant, ut liberum spatium audiendis harmonicis modulationibus, crispatisque iaculationibus vocum, vulgo "trilli", praebeant ; caeterum opprimant sepeliantque can-*

Al tempo di papa Lambertini era certamente molto seria la questione dell'influenza della musica profana sulla musica sacra: era infatti l'epoca in cui il linguaggio della musica profana, sia teatrale sia strumentale, penetrava costantemente nella musica sacra e anche nell'uso liturgico di essa. Con il suo documento in vista del Giubileo del 1750, rivolto ai Vescovi dello Stato Pontificio perché si occupassero a fondo della dignità degli edifici di culto, alla correttezza e nobiltà della liturgia[19], il Lambertini presta attenzione e cura in particolare proprio a indicare quale fosse il tipo migliore di musica che si sarebbe usata nelle chiese nell'occasione giubilare. Dal testo di Benedetto XIV appare molto chiaro che la sua preoccupazione non era per nulla limitata al momento di una singola, anche se importante, occasione giubilare: alla base del testo c'è la consapevolezza del valore "esemplare" che Roma e la sua prassi liturgica e musicale rivestono, anzi debbono rivestire, nei confronti della Chiesa universale. Una buona liturgia e una buona musica a Roma svolgono una funzione per così dire "educativa" verso la Chiesa tutta. Una considerazione, questa, non priva di significato anche per l'età nostra contemporanea.

L'attenzione riformistica del magistero papale alle contaminazioni del profano nel sacro in realtà fu sempre molto vigile anche se non sempre ottenne grande successo. Questa attenzione al fare sì che la musica fosse sacra nel senso che essa, in un certo qual modo, venisse da Dio e a Lui tornasse, è sempre stata una preoccupazione costante. L'analisi delle fonti storiche, dal Medioevo al Novecento, mostra questo permanente interesse; purtroppo negli ultimi decenni la distinzione fra sacro e profano nella musica per i riti liturgici sembra quasi essere divenuta priva di significato.

Abbiamo già citato il *Motu Proprio* di san Pio X che ci aiuta, con alcuni limiti che sono legati all'epoca in cui fu scritto, a inquadrare bene il contesto di chi si trova a operare per la musica sacra. In effetti san Pio

---

tantium vocem sonumque verborum, frustraneus est et inutilis huiusmodi instrumentorum usus, imo vetitus atque interdictus.

[19] Il titolo dell'enciclica è infatti *De Ecclesiarum cultu et nitore; de Officiorum Ecclesiasticorum et Musices ratione, occasione imminentis Anni Sancti.*

X fornisce criteri capaci di individuare che cosa si possa identificare come vera musica sacra. Essa, osserva il Pontefice, deve possedere santità, bontà di forme ed universalità[20]. Io credo sia importante fare riferimento a queste caratteristiche per definire il campo della musica sacra. Se ben intesa questa definizione è ancora valida ed è in un certo senso più comprensiva di quella di "musica liturgica". In effetti, se quest'ultima ben denota la musica per la liturgia, non può però descrivere fenomeni musicali che non sono strettamente intesi per il rito ma che pure da questo in un certo senso derivano. Pensiamo agli Oratori, composizioni musicali di ampio respiro in cui viene solitamente raccontata una storia sacra dalla Scrittura o dalla vita dei santi. Non potremmo mai definire queste composizioni come musica profana ma neanche come "musica religiosa". Esiste inoltre un'ampia produzione di "musica devozionale" che certamente non è liturgica ma che non è estranea alla dimesione "sacra": si pensi a tutta la musica che in passato veniva eseguita negli oratori, presso le confraternite religiose, o nelle processioni attraverso paesi e città: tutto un mondo musicale oggi praticamente scomparso a causa del venire meno della pratica religiosa diffusa. Al contrario, composizioni musicali che un tempo erano progettate per essere eseguite durante la liturgia oggi non sono più ritenute utilizzabili per la loro originaria destinazione: si pensi a non poche Messe ad es. di età barocca, composte in un tempo in cui la liturgia concedeva spazi alla musica molto più generosi di quanto non si possa fare oggi.

3. Musica rituale

La musica rituale è la musica scritta al fine di essere utilizzata all'interno di dato rito e non indipendentemente da esso. Come nel caso

---

[20] I 2: «La musica sacra deve per conseguenza possedere nel grado migliore le qualità che sono proprie della liturgia, e precisamente la santità e la bontà delle forme, onde sorge spontaneo l'altro suo carattere, che è l'universalità» (più compatto il testo latino: *sanctitate, bonitate formarum quibus et universalitas oritur.*)

della definizione di "musica liturgica", anche la nozione di "musica rituale" non comprende quell'elemento più ampio che ingloba quelle composizioni extra liturgiche ma che alla liturgia non possono essere poste in antitesi, come si deve fare per la musica profana. È una categoria che va intesa in rapporto con le ricerche di antropologia religiosa e in parte di antropologia culturale intesa in modo più ampio: tra gli studiosi attualmente più noti, si potrà pensare a Edward Foley (1948), un liturgista e musicologo americano, frate cappuccino, autore di molti volumi di taglio frequentemente divulgativo. Foley si riferisce di frequente al concetto di "musica rituale", ad es. nel suo fortunato volume giovanile (ristampato molte volte, dal 1992 al 2009) dedicato alle origini della musica cristiana (Foley 2009). Vedere la musica come parte del rito, come "funzionale" al rito, è certamente un angolo interpretativo spesso corretto a livello, come si accennava, sostanzialmente antropologico, che si può utilizzare studiando la musica di tutte le culture religiose: per proporre solo qualche esempio si pensi alla musica rituale tibetana (Crossley-Holland 1976), a quella taoista (Penyeh and Xinming 1992), polinesiana (Rossen 1978), o anche a scoperte archeologiche relative ad antiche cività (O'Callaghan 1983). Tuttavia lo sviluppo storico del rapporto tra musica e "sacro" nel mondo che è oggetto di questo volume, cioè quello cristiano cattolico, richiede una considerazione più ampia, che dia conto in modo non riduttivo del ruolo della musica nella vita della Chiesa.

4. Musica religiosa

Definire la musica destinata al culto come "musica religiosa" è insieme corretto ed erroneo. Certamente la musica per il culto cattolico è musica radicata in una data religione, della quale costituisce una forma espressiva: su questo non ci sono dubbi. Ma, al contrario delle definizioni sopra proposte, che forse erano troppo ristrette, in questo caso ci troviamo di fronte a una definizione troppo ampia. Nella categoria del "religioso", infatti, possiamo comprendere tutte quelle manifestazioni musicali di fatto profane ma che possono esprimere una qualche aspirazione all'assoluto, senza costituire una manifestazione, un'espressione, di una visione del mondo cattolica e spesso neppure cristiana. Purtroppo questa semplice analisi manca completamente quando troviamo, nell'uso di alcune delle nostre chiese, l'impiego di canti che hanno probabilmente un significato di aspirazione a valori soprannaturali ma che non sono sensatamente utilizzabili nel contesto del culto liturgico e neppure in un contesto devozionale. Si consideri per esempio *Blowin' in the wind* di Bob Dylan (1962): si tratta di una notissima composizione che adotta sostanzialmente uno stile di "spiritual" laico, non privo di aperture anche potenzialmente spirituali, forse anche remotamente religiose, ma che certamente nulla hanno a che fare con la fede cristiana e men che meno con una visione cattolica della vita e con la liturgia cattolica[21]. Gli esempi potrebbero essere moltissimi, tratti, in parte, dall'esperienza dell'attuale prassi del canto nelle chiese italiane e non solo italiane (ad es. un uso "sacro" di *Blowin' in the wind* è documentato anche nel mondo anglicano[22]).

Per proporre un'analogia: se tutti gli Italiani sono Europei, non tutti gli Europei sono Italiani, così come tutta la musica sacra è musica religiosa, ma non tutta la musica religiosa è musica sacra, sempre se ci si riferisce al senso cattolico di "musica sacra". Nella cultura attuale, di carattere sempre più marcatamente post-cristiano, soprattutto in Europa, converrà spesso parlare ancor più che di "musica religiosa" di "musica spirituale", ovvero di una musica che aspira a un'apertura della mente e della persona verso dimensioni che vanno oltre la quotidianità del consumismo materialistico, ma che si inoltrano in un percorso di tipo spesso panteistico o comunque non riducibile a una religione definita. Evidentemente composizioni del genere, anche se non di rado apprezzabili

[21] Per un tentativo di "cristianizzare" questo celebre brano della cultura di metà Novecento cfr ad es. https://www.famigliacristiana.it/articolo/la-risposta-soffia-nel-vento-dylan-e-i-cattolici.aspx.

[22] Si veda la registrazione del coro di St Paul's Cathedral che esegue questo brano: https://www.youtube.com/watch?v=pPmICAqS7IU. Sul rapporto tra le composizioni di Dylan e la religione (o la "religiosità) cfr ad es. Kvaalvaag 2019.

musicalmente, non hanno nulla a che vedere con le esigenze della musica sacra che stiamo ricercando di identificare nel presente studio.

I DOCUMENTI MAGISTERIALI
PIÙ IMPORTANTI (E UNO SPARITO)

Sappiamo bene che per quanto riguarda la liturgia e di conseguenza la musica sacra, il magistero della Chiesa è chiamato a vigilare affinché nulla di indegno si introduca nel culto ufficiale della Chiesa.

La *Sacrosanctum Concilium*, il documento del Concilio Vaticano II relativo alla liturgia e alla musica sacra, stabilisce dei punti importanti per quanto riguarda questo aspetto (n. 22):

> *"1. Regolare la sacra liturgia compete unicamente all'autorità della Chiesa, la quale risiede nella Sede apostolica e, a norma del diritto, nel vescovo.*
>
> *2. In base ai poteri concessi dal diritto, regolare la liturgia spetta, entro limiti determinati, anche alle competenti assemblee episcopali territoriali di vario genere legittimamente costituite.*
>
> *3. Di conseguenza assolutamente nessun altro, anche se sacerdote, osi, di sua iniziativa, aggiungere, togliere o mutare alcunché in materia liturgica".*

Certo, questo non significa che la gerarchia può disporre liberamente della liturgia, perché essa è vincolata alla Parola di Dio e alla Tradizione, che è la continuità nel tempo dell'esperienza e della saggezza della Chiesa. La gerarchia ecclesiastica non è quindi chiamata a proporre continuamente novità, ma piuttosto a custodire e incrementare il patrimonio ricevuto dalla tradizione, come accade quando a qualcuno sia stato affidato del denaro per farlo fruttare. Non dimentichiamo che il significato di *epískopos* è "ispettore", qualcuno che vigila e custodisce, non certo qualcuno chiamato ad essere un inventore di proposte sempre nuove e irrelate con l'esperienza del passato. Come osserva il Beyer, che ha studiato la storia della parola *epískopos* nel linguaggio biblico, il significato di base della parola è «sorvegliante o custode» (BEYER 1967, p. 756).

Non che la creatività sia cosa da disprezzare, anzi essa è da incoraggiare e sostenere, ma non deve essere usata in maniera autoreferenziale, cioè come se ogni generazione nella vita della Chiesa dovesse ricominciare tutto da capo ignorando «quelli che ci hanno preceduto con l'insegna della Fede», come dice il Canone Romano della Messa (*qui nos praecesserunt cum signo fidei*). In effetti nella nostra epoca si è diffuso un concetto di creatività quasi demiurgico, per cui il creatore è colui che quasi crea *ex nihilo*, senza riguardo per quello che lo ha preceduto, anzi a volte quasi contro di esso. La "creazione" dal nulla va certamente riferita a Dio, Signore e Creatore, ma ovviamente non può essere riferito agli esseri umani che creano in una tradizione, con una tradizione e per una tradizione. Il principio espresso da Benedetto XV nel 1914 nell'enciclica *Ad Beatissimi Apostolorum* merita ancora una riflessione attenta[23]:

"*Del resto, dai nostri che si sono dedicati al comune vantaggio della causa cattolica, ben altro richiede oggidì la Chiesa che il persistere troppo a lungo in questioni da cui non si trae nessun utile; richiede invece che si sforzino a tutto potere di conservare integra la Fede ed incolume da ogni alito d'errore, seguendo specialmente le orme di colui che Cristo costituì custode ed interprete della verità. Vi sono oggi pure, e non sono scarsi, coloro i quali, come dice l'Apostolo: «non sopportando più la sana dottrina, ma, per il prurito di udire qualcosa, si circonderanno di maestri secondo le proprie voglie, rifiutando di dare ascolto alla verità per volgersi alle favole». Infatti, tronfi e imbaldanziti per il grande concetto che hanno dell'umano pensiero il quale, in verità, ha raggiunto grazie a Dio incredibili progressi nello studio della natura, alcuni, confidando nel proprio giudizio in ispregio dell'autorità della Chiesa, giunsero a tal punto di temerità che non esitarono a voler misurare colla loro intelligenza perfino le profondità dei divini misteri e tutte le verità rivelate, ed a volerle adattare al gusto dei nostri tempi. Sorsero di conseguenza i mostruosi errori del Modernismo, che il Nostro Predecessore giustamente dichiarò «sintesi di tutte le eresie»*

---

[23] Il testo si legge all'indirizzo https://www.vatican.va/content/benedict-xv/it/encyclicals/documents/hf_ben-xv_enc_01111914_ad-beatissimi-apostolorum.html ed è disponibile, oltre che in latino, in traduzione italiana, inglese e francese.

(omnium haereseon collectum) condannandolo solennemente. Tale condanna, Venerabili Fratelli, Noi qui rinnoviamo in tutta la sua estensione; e poiché un così pestifero contagio non è stato ancora del tutto sradicato, ma, sebbene latente, serpeggia tuttora qua e là, Noi esortiamo che ognuno si guardi con ogni cura dal pericolo di contrarlo; ché ben potrebbe ripetersi di tale peste ciò che di altra cosa disse Giobbe: «È un fuoco che divora fino alla distruzione e che consuma tutto il raccolto». Né soltanto desideriamo che i cattolici rifuggano dagli errori dei Modernisti, ma anche dalle tendenze dei medesimi, e dal cosiddetto spirito modernistico; dal quale chi rimane infetto, subito respinge con nausea tutto ciò che sappia di antico, e si fa avido ricercatore di novità in ogni singola cosa, nel modo di parlare delle cose divine, nella celebrazione del sacro culto, nelle istituzioni cattoliche e perfino nell'esercizio privato della pietà. Vogliamo adunque che rimanga intatta la nota antica legge: «Nulla si innovi, se non ciò che è stato tramandato» (Nihil innovetur, nisi quod traditum est); la quale legge, mentre da una parte deve inviolabilmente osservarsi nelle cose di Fede, deve dall'altra servire di norma anche in tutto ciò che va soggetto a mutamento, benché anche in questo valga generalmente la regola: «Non cose nuove, ma in modo nuovo»".

Ecco, *non nova sed noviter*, dice Benedetto XV, ricordando il celebre adagio *nihil innovetur, nisi quod traditum est*. Come osservava Joseph Ratzinger fin dagli anni '80 del Novecento, si è diffusa la convinzione che sia necessario «inventare ogni volta qualcosa», che ci debba essere sempre qualche «formula creativa, per banale che sia» (RATZINGER 1985 [47-48; 50].). Un bel testo del grande teologo Brunero Gherardini (1925-2017) approfondisce questo aspetto:

"Il discernimento e la garanzia del soggetto Chiesa sono opera del suo Magistero, che per un verso dipende dal suo oggetto, è al suo servizio, non potendo insegnare se non quello che fu rivelato e come tale tramandato; per un altro, è la sua stessa attività magisteriale, nonché il suo contenuto, il complesso delle verità magisterialmente insegnate: ben a ragione si dice d'una determinata dottrina: "questo è Magistero". Nel primo caso, la parola "Magistero" è intesa nel senso attivo dell'Autorità che insegna

La Costituzione dogmatica sulla divina rivelazione *Dei verbum* del Concilio Vaticano II (1965) spiega bene, al cap. 10, che il Magistero è al servizio della Parola di Dio e lo dichiara quindi ad essa "non superiore", rispetta il primato della Rivelazione in sé ed in quanto trasmessa: il Magistero può infatti soltanto *ri*-trasmettere a modo d'insegnamento o definitorio o "definitive tenendum" quello e soltanto quello che ha prima ricevuto: "Quæcumque dixero vobis" (Gv 14,26). Si radica qui l'antico detto: "Nihil innovetur, nisi quod traditum est", il cui "nisi" non impedisce il rinnovamento, ma lo presuppone e l'auspica omogeneo alla verità rivelata e trasmessa" (cfr le considerazioni in merito sul sito web internetica.it.). Queste osservazioni ci aiutano a capire ed inquadrare il problema del ruolo del magistero e dei suoi documenti nel campo di cui ci stiamo occupando; e, come conseguenza, anche dei limiti entro cui questo magistero deve muoversi. Esso non può e non deve insegnare qualcosa che sia contrario al costante insegnamento della Chiesa, altrimenti cesserebbe la funzione che gli è stata affidata.

In questo senso vanno considerati i documenti che riguardano la liturgia e la musica sacra: in essi ritroviamo la voce della magistero costante della Chiesa, non delle tendenze imposte dalle mode di volta in volta imperanti. Bisogna dire poi che non tutti i documenti hanno la stessa importanza e che bisogna comunque distinguere fra vari tipi di insegnamenti. Ad esempio i documenti che derivano dal lavoro di commissioni di esperti, pur avendo l'avallo pontificio, non hanno lo stesso peso di documenti magisteriali ufficiali.

Non vogliamo fare un elenco che sarebbe senz'altro incompleto della documentazione magisteriale più importante per quello che riguarda la musica sacra, ma sarà utile offrire una panoramica che ci possa indicare le coordinate importanti della riflessione della Chiesa cattolica su questo importante aspetto della sua vita, un aspetto che, come abbiamo detto, è intimamente legato alla liturgia e che non può essere compreso autonomamente da essa. In effetti la crisi della liturgia spiega la crisi della musica sacra e viceversa.

Giovanni XXII, 1324-1325

Innanzitutto è utile menzionare la Constituzione *Docta Sanctorum Patrum* di Giovanni XXII, pubblicata tra il 1324 e il 1325. Era l'epoca del papato avignonese: Giovanni XXII, come il suo predecessore Clemente V, era francese (Jacques-Arnaud Duèze), e le sue posizioni sulla musica sacra si comprendono tenendo presente la musica francese dell'epoca[24]. Il Papa osserva:

"alcuni discepoli di una nuova scuola, mentre si preoccupavano della misurazione dei tempi, si applicano a creare con nuove note melodie di loro invenzione, anziché cantare quelle antiche; eseguono i canti ecclesiastici con semibrevi e minime e ripercuotono le notine: infatti, spezzano le melodie con singhiozzi (hoquetis), le impiastricciano con discanti, talvolta le infarciscono di tripli e mottetti in volgare fino a disprezzare i fondamenti dell'antifonario e del graduale e a non sapere più su che cosa costruiscono; ignorano i toni e non riescono a distinguerli, anzi li confondono, dal momento che per il gran numero di quelle note rimangono vicendevolmente oscurate le sobrie salite e le controllate discese del canto fermo, grazie alle quali è possibile distinguere i toni stessi. Pertanto corrono e non si fermano; inebriano le orecchie e non recano guarigione; simulano con gesti esterni quello che pronunciano; così si trascura quella devozione che si dovrebbe ricercare e si propaga quella lascivia che si dovrebbe invece evitare. Non inutilmente ha detto Boezio: «L'animo lascivo o si diletta di modi lascivi o ascoltandoli frequentemente s'ammollisce e si snerva»"[25]

[24] Su Giovanni XXII e la musica cfr la sintesi di BERRY 2001, con la bibliografia precedente

[25] *De institutione musica* I 1, p. 180 Fiedlein.

I riferimenti sono chiaramente all'*Ars nova* dell'epoca (*nonnulli novellae scholae discipuli*), e la preoccupazione dell'ottantenne Pontefice era di evitare che la "nuova musica", basata su un ritmo misurato (*temporibus misurandis*) e non sul ritmo verbale del repertorio "gregoriano", sull'aggiunta di voci anche con testo in francese, com'era prassi comune, e con il cosiddetto *hoquetus*[26]. Il Papa richiamava invece alla tradizione dell'amplificazione del canto piano, che non offusca la melodia originaria e la lascia bene percepire; non intendeva rifiutare il nuovo linguaggio ma evitare che la musica non svolgesse la sua funzione liturgica principale; soprattutto il problema sembra essere quello della percezione del testo.

Il Concilio di Trento

Prima del Concilio di Trento (1545-1563) alcune correnti protestanti radicali, come il Calvinismo, avevano espulso quasi completamente la musica dalla liturgia. Anche nel mondo cattolico, analogamente a quanto era avvenuto nel mondo calvinista, esistevano correnti radicali contro la musica polifonica in chiesa. I punti essenziali erano certamente due: (1) differenziare la musica in uso nella liturgia dal linguaggio della musica profana; (2) assicurarsi che le parole del testo eseguito non fossero offuscate dalla musica ma rimanessero percepibili. La scrittura sempre più complessa della musica polifonica, infatti, aveva spesso reso le parole poco comprensibili o del tutto non intellegibili; da qui una leggenda, che vede nel Palestrina il salvatore della musica sacra, poiché avrebbe convinto il Papa del tempo, Marcello II, che fu Papa per soli 22 giorni nel 1555, ad accettare la musica polifonica all'interno della liturgia. Il Papa sarebbe stato impressionato dalla messa del Palestrina intitolata appunto *Messa per il Papa Marcello*, caratterizzata da una scrittura

---

[26] Su queste caratteristiche si potrà rinviare a qualunque buon manuale di storia della musica tardomedievale, come ad es. GALLO 1991. Sulla tecnica dell'*hoquetus*, praticata dai tempi di Perotino e ad es. da Machaut, cfr SANDER 2001. Un'attenta analisi del testo offre di recente LANG 2022, pp. 336–337.

molto nobile e insieme dalla assoluta comprensibilità del testo eseguito. Si tratta di una leggenda, che tuttavia mostra come le controversie sulla musica sacra fossero giunte, anche in ambiente cattolico, al rischio di risultati disastrosi per le sorti della composizione musicale (cfr LANG 2022, pp. 363-364, e i classici K. FELLERER e HADAS 1953 e K.G. FELLERER 1967).

Una posizione equilibrata era molto difficile: la musica profana, un tempo del tutto sottomessa alla musica sacra, rivendicava sempre più i propri diritti e anzi ad un certo punto la sua pratica diverrà quasi prevalente sulla musica sacra, tanto che se un tempo era la musica profana a derivare dalla musica sacra, ora il processo si invertiva. Si trattava quindi di non escludere la musica dal rito, da un lato, e di non permettere, dall'altro, che il linguaggio profano soffocasse il testo che da "testo" rischiava di diventare un "pretesto" per la composizione musicale.

Benedetto XIV (1749)

L'assimilazione della musica sacra al linguaggio profano rimase un problema anche nei secoli seguenti. Se grandi maestri, come il Palestrina, il De Victoria ecc. hanno composto musica sacra nella quale il rapporto tra testo e musica è non solo corretto, ma è anzi la spinta compositiva principale dei loro capolavori, altri musicisti spingevano invece ancora una volta verso la prevalenza di un linguaggio musicale in cui la musica diventa fine a se stessa e si adagia quasi completamente sul linguaggio della musica profana e in particolare del teatro musicale del tempo. Tra i documenti che attestano la difficoltà di questa situazione va ricordata la già citata enciclica *Annus qui hunc* di Benedetto XIV del 1749, scritta in vista del Giubileo del 1750, nella quale Papa Lambertini si preoccupa di accogliere i pellegrini in chiese pulite, ben tenute, con una liturgia degna e in particolare con una musica sacra che non scandalizzi i visitatori che accorrono a Roma (n. 6). Citando sia i decreti del Concilio di Trento sia il *Docta Sanctorum* di Giovanni XXII, il Lambertini offre un'implicita lezione su che cosa sia il magistero cattolico, che si colloca, come si osservava all'inizio del presente capitolo, all'interno del fiume vivo della tradizione magisteriale e non consiste in un esercizio di potere autoreferenziale. Il Papa osserva dunque:

> *"E per terminare il Nostro dire su questo argomento, ossia dell'abuso dei teatrali concerti nelle Chiese (che è cosa per sé evidente e che non richiede parole per dimostrarla), basterà accennare che tutti quelli che Noi abbiamo sopra citati, come favorevoli al canto figurato ed all'uso degli strumenti musicali nelle Chiese, chiaramente dicono ed attestano di aver sempre nei loro scritti inteso e voluto escludere quel canto e quel suono propri dei palcoscenici e dei teatri. Canto e suono che essi, come gli altri, condannano e deprecano. Quando si professavano favorevoli al canto ed al suono, sempre intesero un canto ed un suono adatto alle Chiese, e che eccita il popolo a devozione. Questa loro intenzione ognuno può conoscere leggendo i loro scritti".*

Malgrado le parole del Papa, il canto teatrale non solo non verrà eliminato dalle chiese, ma diverrà sempre più invasivo, specialmente nel secolo d'oro dell'Opera, il diciannovesimo: un secolo in cui questo genere musicale era diventato linguaggio comune in tutti gli strati della società. Si tenterà una riforma, come per esempio il tentativo del celebre musicista Gaspare Spontini che, sotto l'impulso del papa Gregorio XVI, scrisse un *Rapporto intorno alla riforma della musica sacra* (cfr BASSI 1994).

L'Ottocento

Ma l'impulso riformistico più importante verrà dai benedettini e in modo speciale da dom Prosper Guéranger (1805-1875) e dalla rifondazione del monastero di Solesmes e dell'Ordine benedettino in Francia (1833), una spinta che darà vita a quello che sarà definito "movimento liturgico".

Dal punto di vista liturgico, la linea di dom Guéranger era quella di reintrodurre in Francia l'uso romano abolendo gli usi liturgici locali, detti "neogallicani": ad esempio il giovane monaco utilizzava il Messale Romano mentre il clero locale per lo più adoperva il Messale Parigino. Naturalmente in questo progetto il canto aveva un ruolo essenziale, per quel rapporto inscindibile tra liturgia e canto richiamato fin dalle prime pagine del presente volume. Il progetto di dom Guéranger trovò, tra alterne vicende, un grande successo, anche perché venne impostato subito in maniera scientificamente molto seria, attraverso il recupero dei manoscritti più antichi, che in un primo tempo venivano copiati a mano e, successivamente, dopo la diffusione della fotografia, completamente fotografati e archiviati presso l'abbazia di Solesmes. Al centro di questo sforzo c'era la restaurazione del canto gregoriano, che si voleva riportare alla sua forma più antica[27]. Questo importante progetto si scontrò con forti ostilità, ma ottenne lentamente l'approvazione del Vaticano. Il primo documento che mostra l'interesse della Santa Sede per un nuovo approccio alla musica sacra si deve a Leone XIII. Nelle *Normæ pro musica sacra* (1894) Leone XIII conclude il processo di "unificazione" ottocentesca della musica sacra. Il testo comprende tutti i concetti di base che informeranno la posizione ufficiale della Chiesa da Pio X, al Vaticano II e oltre. Possiamo riassumerne il contenuto così:

1. riconoscimento del canto gregoriano come proprio della chiesa;
2. ruolo della polifonia e in particolar modo delle composizioni del Palestrina;
3. preferenza delle composizioni organistiche della scuola romana, quindi in particolare del Frescobaldi e degli altri Maestri del suo tempo;
4. benchè i canti liturgici debbano essere in latino, nelle funzioni di tipo devozionale si può usare la lingua locale;
5. rifiuto della musica teatrale;

---

[27] Molto copiosa la bibliografia su Guéranger e Solesmes: basterà qui rinviare a due titoli molto diversi, uno interno a Solesmes e piuttosto agiografico (COMBE 1969), tradotto anche in inglese (COMBE 2003), l'altro più recente e che pone l'attività di Solesmes in rapporto con la situazione culturale del tempo (BERGERON 1998).

6. necessità di eseguire in modo completo il testo liturgico, senza spezzarlo
   o senza ometterne alcune sezioni;
7. divieto di improvvisare all'organo senza le necessarie competenze.

All'epoca le polemiche erano vivissime, e il tono piuttosto ultimativo del documento mostra che il Papa aveva preso molto sul serio la questione: in questo documento si trovano tutti i concetti essenziali che verranno ripresi e ampliati da Pio X e dai Papi successivi.

San Pio X e Pio XI

Il Motu Proprio *Tra le sollecitudini* di san Pio X, promulgato il 22 novembre 1903 conclude l'Ottocento e apre il nuovo secolo. Esso è così importante che san Pio X lo definisce quasi un codice giuridico della musica sacra e in esso troviamo alcuni principi che saranno poi fattori trainanti del movimento liturgico come questi:

"Essendo, infatti, Nostro vivissimo desiderio che il vero spirito cristiano rifiorisca per ogni modo e si mantenga nei fedeli tutti, è necessario provvedere prima di ogni altra cosa alla santità e dignità del tempio, dove appunto i fedeli si radunano per attingere tale spirito dalla sua prima ed indispensabile fonte, che è la partecipazione attiva ai sacrosanti misteri e alla preghiera pubblica e solenne della Chiesa. Ed è vano sperare che a tal fine su noi discenda copiosa la benedizione del Cielo, quando il nostro ossequio all'Altissimo, anziché ascendere in odore di soavità, rimette invece nella mano del Signore i flagelli, onde altra volta il Divin Redentore cacciò dal tempio gli indegni profanatori. Per la qual cosa, affinché niuno possa d'ora innanzi recare a scusa di non conoscere chiaramente il dover suo e sia tolta ogni indeterminatezza nell'interpretazione di alcune cose già comandate, abbiamo stimato espediente additare con brevità quei principii che regolano la musica sacra nelle funzioni del culto e raccogliere insieme in un quadro

generale le principali prescrizioni della Chiesa contro gli abusi più comuni in tale materia[28]".

Questo documento segnerà un'epoca e darà impulso ad un movimento di rinnovamento che vedrà tra i protagonisti l'associazione santa Cecilia, fondata in Germania alla metà del diciannovesimo secolo e poi estesasi in molti altri paesi[29]. Il *Motu Proprio* rimarrà un documento di riferimento a cui si rifaranno i Papi successivi come per esempio Pio XI che lo celebrerà a 25 anni dalla promulgazione con una "bolla" pontificia (*Divini Cultus*). In essa si ribadiva l'importanza della vigilanza del magistero nelle cose sacre e si deploravano gli abusi ancora esistenti:

"È dunque molto importante che tutto ciò che è destinato alla bellezza della liturgia sia regolato da leggi e prescrizioni della Chiesa, in modo che le arti servano veramente, come è doveroso, quali nobili ancelle al culto divino. E ciò non tornerà a loro detrimento, ma anzi conferirà maggiore dignità e splendore in quanto utilizzate in luoghi sacri. Ciò si è riscontrato in modo meraviglioso a proposito della musica. In verità, ovunque le regole sono state applicate con cura, ivi si è avuto, unitamente al risorgere delle più elette forme dell'arte, anche un diffuso rifiorire dello spirito religioso in quanto il popolo cristiano, compenetrato da un più profondo sentimento liturgico, si abituò a partecipare più attivamente al rito eucaristico, alla sacra salmodia e alle preghiere pubbliche. Noi stessi ne avemmo una consolante conferma quando, nel primo anno del Nostro Pontificato, un coro immenso di chierici, di ogni nazione, accompagnò con le melodie gregoriane la solenne liturgia da Noi celebrata nella Basilica Vaticana. Tuttavia Ci spiace rilevare che quelle sapientissime leggi non sono state applicate dap-

---

[28] A questo proposito va osservato che il Motu Proprio di san Pio X viene usato sia da coloro che cercavano una restaurazione della musica sacra ma anche da coloro che invece, nello stesso movimento liturgico, cercavano di forzare la musica sacra e la liturgia stessa in una direzione più innovativa.

[29] Anche di recente sono stati pubblicati molti studi importanti sull'Associazione Santa Cecilia: rinvio solo ai ben documentati lavori di CASADEI TURRONI MONTI e RUINI 2004, CASADEI TURRONI MONTI 2011, e al convegno su Giovanni Tebaldini del 2016 (DESSÌ e LOVATO 2017).

pertutto, e pertanto non sono stati ottenuti i frutti desiderati. Sappiamo infatti che alcuni hanno affermato di non essere tenuti all'osservanza di quelle leggi, le quali erano state così solennemente emanate; che altri, dopo una prima adesione, insensibilmente sono tornati a permettere un certo genere di musica che deve essere del tutto proscritta dal tempio; e che infine in qualche luogo, specialmente in occasione di centenarie commemorazioni di illustri musicisti, si cercava pretesto per eseguire composizioni, le quali quantunque ragguardevoli, non rispondendo però né alla maestà del luogo sacro né alla santità delle norme liturgiche, non si dovevano assolutamente eseguire in chiesa".

Pio XII

Ma un'attenzione particolare alla musica sacra l'avrà il successore di Pio XI, Eugenio Pacelli che prenderà il nome di Pio XII. Questa attenzione verso la musica non era da considerarsi strana quando si pensa che questo Pontefice era un cultore di musica che praticava come violinista. Il ventennio del suo Pontificato fu luminoso per la mole degli insegnamenti che questo Pontefice donò alla Chiesa ma in esso quelle forze che erano state disciplinate da san Pio X durante la battaglia antimodernista, ma non sconfitte, non mancarono di far sentire la loro voce per rivendicare riforme radicali nella Chiesa, a cominciare dalla liturgia. Di questo Pontefice credo sia importante almeno citare l'enciclica *Musicae sacrae disciplina* del 1955, documento che è dedicato completamente alla musica nella liturgia. Il Papa affronta anche l'importante argomento della libera ispirazione dell'artista e del dovuto ossequio alle norme che regolano l'arte sacra e la musica per il culto liturgico. Pacelli osserva infatti (n. II):

"la musica sacra non ubbidisce a leggi e norme diverse da quelle che regolano ogni arte religiosa, anzi l'arte stessa in generale. Invero non ignoriamo che in questi ultimi anni alcuni artisti, con grave offesa della pietà cristiana, hanno osato introdurre nelle chiese opere prive di qualsiasi ispi-

razione religiosa e in pieno contrasto anche con le giuste regole dell'arte. Essi cercano di giustificare questo deplorevole modo di agire con argomenti speciosi, che pretendono far derivare dalla natura e dall'indole stessa dell'arte. Vanno, infatti, dicendo che l'ispirazione artistica è libera, che non è lecito sottoporla a leggi e norme estranee all'arte, siano queste morali o religiose, perché in tal modo si verrebbe a ledere gravemente la dignità dell'arte e a ostacolare con vincoli e legami il libero corso dell'azione dell'artista sotto il sacro influsso dell'estro. Con tali argomenti viene sollevata una questione senza dubbio grave e difficile, che riguarda qualsiasi manifestazione d'arte e ogni artista; questione che non può essere risolta con argomenti tratti dall'arte e dall'estetica, ma che invece dev'essere esaminata alla luce del supremo principio del fine ultimo, regola sacra e inviolabile di ogni uomo e di ogni azione umana. L'uomo, infatti, dice ordine al suo fine ultimo - che è Dio - in forza di una legge assoluta e necessaria fondata sulla infinita perfezione della natura divina, in maniera così piena e perfetta che neppure Dio potrebbe esimere qualcuno dall'osservarla. Con questa legge eterna ed immutabile viene stabilito che l'uomo e tutte le sue azioni devono manifestare, a lode e gloria del Creatore, l'infinita perfezione di Dio e imitarla per quanto è possibile. L'uomo, perciò, destinato per natura sua a raggiungere questo fine supremo, nel suo operare deve conformarsi al divino archetipo e orientare in questa direzione tutte le facoltà dell'animo e del corpo, ordinandole rettamente tra loro e debitamente piegandole verso il conseguimento del fine. Pertanto anche l'arte e le opere artistiche devono essere giudicate in base alla loro conformità con il fine ultimo dell'uomo; e l'arte certamente è da annoverarsi fra le più nobili manifestazioni dell'ingegno umano, perché riguarda il modo di esprimere con opere umane l'infinita bellezza di Dio, di cui essa è quasi il riverbero. Per la qual cosa, la nota espressione "l'arte per l'arte" - con cui, messo in disparte quel fine che è insito in ogni creatura, erroneamente si afferma che l'arte non ha altre leggi che quelle che promanano dalla sua natura - o non ha valore alcuno o reca grave offesa a Dio stesso, creatore e fine ultimo. La libertà poi dell'artista - che non è un istinto cieco nell'azione, regolato solo dall'arbitrio o da una certa sete di novità - per il fatto che è soggetta alla legge divina, in nessun modo viene coartata o soffocata, ma piuttosto nobilitata e perfezionata".

La mirabile esposizione di questo Pontefice purtroppo verrà praticamente ignorata nei decenni successivi, in cui le esigenze della liturgia verranno piegate a mode culturali che nulla conservano della necessaria dignità del culto dovuto a Dio.

Non dobbiamo dimenticare che le forze che desideravano una riforma radicale della liturgia seppero muoversi sotto questo Pontefice con grande abilità. In effetti egli diede spazio ad alcune riforme liturgiche, come quella della Settimana Santa, che rappresentò una "prova generale" di quella riforma liturgica complessiva che mons. Annibale Bugnini progettava già dal 1949[30]. Ricordiamo anche come i riformatori seppero usare a loro favore una frase di Pio XII pronunciata in un discorso del 1956 in occasione del Convegno di Liturgia Pastorale di Assisi:

> *"Il movimento liturgico è apparso così come segno delle provvidenziali disposizioni di Dio per il tempo presente, come passaggio dello Spirito Santo nella sua Chiesa, per avvicinare gli uomini ai misteri della fede e alle ricchezze della grazia, che scaturiscono dalla partecipazione attiva dei fedeli alla vita liturgica"[31]. Non possiamo anche non citare l'Istruzione della Sacra Congregazione dei Riti del 1958, un mese prima della morte di Pacelli (Instructio de musica sacra et sacra liturgia), in cui si condensa l'insegnamento di Pio XII sulla liturgia e sulla musica sacra ma anche si avanzano alcune regole pratiche sull'uso di canti in volgare non liturgici, ma con l'obbligo assoluto del latino come unica lingua liturgica[32]".*

---

[30] Si veda BUGNINI 1949. Documentazione storica in MILANESE 2005.

[31] "Le mouvement liturgique est apparu ainsi comme un signe des dispositions providentielles de Dieu sur le temps présent, comme un passage du Saint-Esprit dans son Église, pour rapprocher davantage les hommes des mystères de la foi et des richesses de la grâce, qui découlent de la participation active des fidèles à la vie liturgique".

[32] Il testo in italiano è disponibile all'indirizzo https://win.organieorganisti.it/InstructioDeMusicaSacra.htm e in inglese all'indirizzo https://adoremus.org/1958/09/instruction-on-sacred-music/

L'epoca del Concilio Vaticano II

A Pio XII succede Giovanni XXIII, un Papa che certamente non appariva come un innovatore spregiudicato. Tra i suoi documenti basterebbe ricordare la costituzione apostolica *Veterum Sapientia* del 1962 in cui ribadiva l'importanza della lingua latina nella vita della Chiesa e imponeva l'uso del latino nell'insegnamento presso le università pontificie, osservando che l'uso del latino rende tutti gli studenti uguali, indipendentemente dalla loro nazione di origine e dalla loro lingua madre[33]. Ma quel 1962 non è lo stesso anno in cui inizia il Concilio Vaticano II? Solo 8 mesi trascorrono di distanza fra i due eventi ma sembra che si tratti di secoli. In effetti nel 1959 Giovanni XXIII aveva deciso di convocare un Concilio Ecumenico e uno degli argomenti ivi discusso sarebbe stato certamente la liturgia e la musica sacra. Il documento che conterrà le disposizioni conciliari in materia di liturgia e musica sacra è la *Sacrosanctum Concilium*, approvata il 4 dicembre 1963. In essa un capitolo, il sesto, è completamente dedicato alla musica sacra e che si apre con queste parole:

"La tradizione musicale della Chiesa costituisce un patrimonio d'inestimabile valore, che eccelle tra le altre espressioni dell'arte, specialmente per il fatto che il canto sacro, unito alle parole, è parte necessaria ed integrante della liturgia solenne. Il canto sacro è stato lodato sia dalla sacra Scrittura, sia dai Padri, sia dai romani Pontefici; costoro recentemente, a cominciare da S. Pio X, hanno sottolineato con insistenza il compito ministeriale della musica sacra nel culto divino. Perciò la musica sacra sarà tanto più santa quanto più strettamente sarà unita all'azione liturgica, sia dando alla preghiera un'espressione più soave e favorendo l'unanimità, sia arricchendo di maggior solennità i riti sacri. La Chiesa poi approva e

---

[33] Il testo, solo in latino e spagnolo, è disponibile all'indirizzo https://www.vatican.va/content/john-xxiii/la/apost_constitutions/1962/documents/hf_j-xxiii_apc_19620222_veterum-sapientia.html. Una traduzione inglese si legge presso il sito https://www.papalencyclicals.net/john23/j23veterum.htm, e in italiano alla pagina http://www.unavox.it/doc05.htm.

ammette nel culto divino tutte le forme della vera arte, purché dotate delle qualità necessarie".

Parole importanti che lascerebbero pensare ad una rinnovata attenzione per la musica sacra, ma in realtà dopo il Concilio si assisterà ad una furia distruttrice nei confronti di quel patrimonio che a parole era stato tanto esaltato. Le varie Istruzioni che si succederanno per l'applicazione della *Sacrosanctum Concilium* e in merito al nuovo Messale detto di Paolo VI, promulgato nel 1969, non sempre porteranno chiarezza e certamente non riusciranno a frenare la barbarie che portò alla distruzione di secoli di tradizione liturgica e musicale. In una di queste Istruzioni, la *Musicam Sacram* del 1967, si danno seguito ad alcune istanze che si ritrovano nel documento citato sopra del 1963, anche se in alcuni punti non impediva di alimentare una certa confusione[34].

Dopo il Vaticano II

I Pontificati successivi al Concilio Vaticano II saranno tutti orientati verso la sua applicazione e la musica sacra non conoscerà documenti particolarmente importanti, ma l'argomento emergerà nei discorsi di alcuni Pontefici particolarmente amanti della musica, come Giovanni Paolo II e Benedetto XVI. Questo non impedirà il continuo degrado della stessa e oggi ci si chiede se anche un documento del magistero solenne possa ormai cambiare una situazione che sembra giunta ad un punto di "non ritorno". In particolare è intervenuto sulla musica sacra Joseph Ratzinger, sia con studi in quanto professore sia con documenti ufficiali dopo la sua elezione al Pontificato, sia con il suo esempio

---

[34] Vedi di recente PORFIRI 2017 per la *Musicam Sacram* e PORFIRI 2021 per la *Sacrosanctum Concilium*. Non si può certo qui addurre una bibliografia completa sull'argomento da un punto di vista storico. La ricostruzione che offre il Bugnini di quell'epoca è naturalmente fondata su un'autodifesa del proprio operato (BUGNINI 1983). Indicazioni di riferimento in MILANESE 2005.

liturgico: Benedetto XVI cantava sempre molto correttamente, sia pure con i limiti della voce di un ottantenne, le parti che il Messale prevede in canto. Basterà qui rinviare alla *Festa della fede*, del 1981 (Ratzinger 1981), tradotto alcuni anni dopo in inglese (Ratzinger 1986) e in italiano (Ratzinger 1990) e al ruolo mai marginale che svolge la musica nei testi di Ratzinger.

C'è da menzionare un documento che non è mai apparso riguardo la musica sacra[35]. Siamo nel 1984, Pontefice è Giovanni Paolo II. Il vice preside del Pontificio Istituto di Musica Sacra era dom Bonifacio Baroffio. Dom Baroffio era conosciuto come uno dei più noti esperti sul canto gregoriano a cui aveva dedicato numerose pubblicazioni. Una mattina nel monastero di san Girolamo, dove era anche sito il Pontificio Istituto di Musica Sacra, viene avvicinato da un confratello che lavorava alla Congregazione per il Culto Divino, il padre Antoine Dumas. Egli chiese a padre Baroffio di partecipare alla stesura di un documento sulla musica sacra. Ci trovavamo in un tempo di bilanci per quello che riguardava la riforma liturgica. Questo è probabilmente quello che desiderava il Vaticano e lo troveremo anche echeggiato in un discorso di Giovanni Paolo II del 27 ottobre di quell'anno per commemorare i 20 anni della *Sacrosanctum Concilium*, quando dice ai partecipanti: "Vent'anni sono un periodo di tempo sufficiente per una riflessione serena sulla ristrutturazione della liturgia, così come il Concilio l'ha intesa e voluta; sulla sua presente attuazione e incidenza pastorale; sulle prospettive di una sua valorizzazione piena, come "vertice" della vita e dell'azione della Chiesa". In questi bilanci probabilmente rientrava il ruolo che giocava la musica sacra nella riforma liturgica. Il vice preside del Pontificio Istituto di Musica Sacra accettò l'incarico sperando che questo non gli avrebbe portato via molto tempo, in quanto già molto preso dall'Istituto. Fu sorpreso quando gli giunse la lettera di nomina a relatore di un gruppo di lavoro in cui erano compresi esperti da varie nazionalità. Allora si

---

[35] Ringrazio il professor Giacomo Baroffio (che nel frattempo ha lasciato l'ordine benedettino) per le informazioni che mi ha fornito per questa parte riguardante il documento mai promulgato.

recò al Culto Divino e parlò con il prefetto, che era il cardinale Giuseppe Casoria, a cui disse che preferiva non essere relatore, ma se doveva svolgere questo compito desiderava che il documento fosse una visione positiva della musica sacra, non una lotta contro questo o quello. Il Cardinale sembrò d'accordo con il monaco benedettino. Le cose non andarono lisce durante le riunioni, comunque dom Baroffio assegnò a ciascun membro della commissione il tema di un capitolo, poi alla fine venne tutto rivisto e il relatore fece un lavoro finale di limatura per rendere tutto coerente. Allora egli consegnò il testo finito a don Diego Coletti, che abitava presso il Monastero di san Gerolamo e che in seguito sarà nominato Vescovo di Como, per portarlo in Congregazione.

Passato un mese, dom Baroffio riceve una telefonata dalla Congregazione, e viene informato che essi erano in allarme perché lui non si era fatto più sentire. Quindi essi erano stati costretti a nominare un vice relatore che scrisse un altro testo, molto diverso da quello che era uscito fuori dalla prima commissione. Dom Baroffio rimase molto contrariato da tutto questo. Che fine aveva fatto il suo testo? Venne a sapere in seguito che sì, il suo testo era stato ricevuto, ma sembra fosse poi finito sotto un mucchio di altri documenti e quindi perduto. Gli fu chiesto di rimanere come relatore, ed egli fece una serie di osservazioni sul nuovo testo (in effetti solo sulla prima pagina) che non riteneva adeguato. Nell'estate di quell'anno, partecipando a Reggio Calabria alla Settimana Liturgica organizzata dal Centro Azione Liturgica di Roma, venne a sapere che il testo stava per uscire. Lui fu molto contrariato da questa notizia quindi si precipitò a Roma per poter conferire con il Prefetto per la Dottrina della Fede, il cardinale Joseph Ratzinger. Gli mostrò il lavoro che era stato fatto e gli chiese di intercedere per questa incresciosa situazione. Il documento alla fine, non vide mai la luce.

Come detto, ovviamente i documenti magisteriali fanno testo per quello che riguarda la regolamentazione della liturgia e della musica sacra. Bisogna però distinguere fra documenti con peso giuridico più forte e altri pronunciamenti occasionali, che certamente hanno la loro importanza ma in paragone non hanno la stessa forza degli altri. Inoltre, un documento magisteriale interpreta per i tempi a lui contemporanei la tradizione della Chiesa, quindi permette di leggere i segni dei tempi alla luce del magistero perenne della Chiesa. Quando in questi documenti si dovesse trovare qualcosa che è palesemente opposto alla tradizione (si parla per ipotesi) allora sarebbe lecito non solo dubitare, ma anche opporsi.

LE RAGIONI DI UNA CRISI

Nei paragrafi precedenti abbiamo potuto apprezzare come la musica sacra sia stata sempre una premura del magistero ecclesiastico, per la ragione che essa è intimamente unita alla liturgia e non ne è quindi elemento accessorio. Non si può avere una buona liturgia e una cattiva musica sacra (o viceversa) senza squilibrare l'insieme della celebrazione. La musica sacra è certamente finalizzata alla liturgia, ma è vero che la liturgia si è ammantata di bellezza grazie anche al contributo del canto e in generale della musica: non ci si riferisce qui soltanto del canto del coro, ma anche a quello del sacerdote e dei fedeli. La Messa cantata, cioè la Messa nella quale tutta la liturgia è realizzata in forma musicale, dal semplice recitativo (detto "cantillazione") al canto più elaborato, non consiste in un'esibizione di questo o quell'elemento della celebrazione, ma nell'armonizzazione del canto del corpo di Cristo riunito per rendere gloria a Dio, le membra con il suo Capo, che ha voluto che "la vita sacerdotale da Lui iniziata nel suo corpo mortale con le sue preghiere ed il suo sacrificio, non cessasse nel corso dei secoli nel suo Corpo Mistico che è la Chiesa; e perciò istituì un sacerdozio visibile per offrire dovunque la oblazione monda (*Matth*, 1, 11), affinché tutti gli uomini, dall'Oriente all'Occidente, liberati dal peccato, per dovere di coscienza servissero spontaneamente e volentieri a Dio"[36].

Ora, dobbiamo domandarci le ragioni della presente crisi della musica sacra. Innanzitutto: esiste questa crisi? Crediamo importante suffragare la nostra affermazione con una spiegazione sufficientemente esauriente sulle ragioni per le quali riteniamo che la musica sacra si trovi in una condizione di grave crisi.

Il Concilio Vaticano II, nella *Sacrosanctum Concilium* (n. 112), ha detto solennemente:

[36] Pio XII, *Mediator Dei*, 1947.

"*La tradizione musicale della Chiesa costituisce un patrimonio d'inestimabile valore, che eccelle tra le altre espressioni dell'arte, specialmente per il fatto che il canto sacro, unito alle parole, è parte necessaria ed integrante della liturgia solenne. Il canto sacro è stato lodato sia dalla sacra Scrittura, sia dai Padri, sia dai romani Pontefici; costoro recentemente, a cominciare da S. Pio X, hanno sottolineato con insistenza il compito ministeriale della musica sacra nel culto divino*".

Sono parole di grande elogio per la tradizione musicale della Chiesa cattolica; proseguendo nella lettura del documento si legge che il canto gregoriano è il canto proprio della liturgia romana (n. 116), che l'organo «va tenuto in grande onore» (n. 120), che bisogna favorire le *scholae cantorum* (n. 114) e via dicendo. Ma che cosa è realmente avvenuto, dopo che il Vaticano II aveva approvato un documento così promettente? La realtà è andata in senso esattamente opposto a quanto richiesto dal Concilio, e ne è derivata una crisi spaventosa: proprio il canto gregoriano, l'organo, le *scholae cantorum*, la tradizione musicale della Chiesa cattolica sono state combattute in modo feroce e spietato. E non si parla esclusivamente del passato, ma si fa riferimento anche al presente, in quanto la crisi devastante della musica sacra non è certo terminata. I decenni passati, ormai sessant'anni (la *Sacrosanctum Concilium* venne promulgata il 4 dicembre 1963), hanno visto un fenomeno paradossale: le ostilità verso tutte le caratteristiche musicali approvate del Concilio Vaticano II si sono in un certo senso radicate nella prassi diffusa, sicché chi difende la musica sacra com'è descritta dal Vaticano II riceve l'accusa di essere "anticonciliare" – un'accusa generica e ovviamente del tutto priva di prove di qualunque genere, perché è facilissimo mostrare che in realtà gli "anticonciliari" sono proprio coloro che sostengono posizioni che contrastano con il testo del Vaticano II.

Crediamo che sia possibile una sorta di fenomenologia delle ragioni che possiamo identificare per comprendere il senso di questo sconvolgimento che ha colpito la Chiesa in modo evidente negli ultimi decenni, ma che ha radici in epoche di molto precedenti. Ci potranno essere altri motivi oltre quelli da noi citati di seguito, ma ci sembra questi essere già molto rappresentativi.

1. Ragione teologica

Uno dei motivi più importanti su cui si deve riflettere quando si pensa alla crisi della musica sacra riguarda la teologia. Stranamente ci sembra dover dar ragione al prefetto della congregazione per il culto divino, cardinale Arthur Roche, quando suggerisce che la Messa antica va molto limitata perché oggi è cambiata la teologia[37]. Le osservazioni di Roche sono ovviamente errate dal punto di vista almeno storico: il Cardinal Prefetto sostiene che nella Messa "classica" il sacerdote celebrante rappresentava tutto il popolo, nella liturgia corrente non è solo il sacerdote il celebrante, ma tutti i battezzati insieme a lui. In realtà nella *Mediator Dei* Pio XII aveva sottolineato come fosse dottrina tradizionale (il Papa cita Innocenzo III e Roberto Bellarmino) affermare che «ciò che in particolare si compie per ministero dei sacerdoti, si compie universalmente per voto dei fedeli»[38]. In realtà il cambiamento è di altra natura: aver messo l'uomo al posto di Dio. Se la liturgia non è più diretta a Dio, ma è centrata sull'uomo, i suoi desideri, le sue aspirazioni, allora non è più necessario che la musica sia la più alta espressione della creatività umana perché diretta a Dio, ma essa può essere semplicemente quello che solletica il piacere dell'uomo in una data cultura. Se la liturgia non è più il culto di Dio ma il culto dell'io, si comprende come per la musica sacra non sia richiesto quello sforzo estetico ed estatico che richieda lunghi studi e una professionalità che garantisca un risultato, se non adeguato alla maestà divina, che almeno tenda a quella perfezione. Su

---

[37] Si veda https://www.lifesitenews.com/news/cdl-roche-says-latin-mass-needs-to-be-restricted-because-the-theology-of-the-church-has-changed/, 20 marzo 2023, con le osservazioni ivi pubblicate.

[38] Riferimenti: Innocenzo III, *De sacro altaris mysterio*, III 6, PL vol. 217, col. 846; Roberto Bellarmino, *De Missa*, I 2, 7.

questi punti fin dai primi anni '80 del Novecento ha riflettuto lungamente Joseph Ratzinger[39] Nell'ultima sua opera, pubblicata, per decisione di Ratzinger stesso, dopo la sua morte, è pubblicato un breve discorso del 2015, intitolato *Musica e liturgia* (BENEDETTO XVI 2023, pp. 39–43) in cui si ricorda che mentre nella *Sacrosanctum Concilium* il rispetto per la musica sacra e la *participatio actuosa* stavano ancora «pacificamente insieme», negli anni immediatamente successivo al Vaticano II si creò una «drammatica tensione»: l'eliminazione del patrimonio della musica sacra in favore del coinvolgimento continuo ed esclusivo dei partecipanti al rito provocava «sgomento per l'impoverimento culturale che ne sarebbe necessariamente seguito». La risposta di Ratzinger è sostanzialmente la medesima che si avanza nel presente libro: non è possibile risolvere la questione della musica sacra senza una riflessione sulla vera natura della musica, nella quale si incontra il «totalmente altro e il totalmente grande che suscita nell'uomo nuovi modi di esprimersi»[40].

Se la teologia pone l'uomo al centro, anche lo scopo della musica cambia. Un grande teologo come mons. Antonio Livi sosteneva che oggi si è ribaltato il giusto ordine delle cose. Mentre in passato il dogma guidava la teologia, e questa si esplicava nella pastorale, oggi l'ordine è invertito: è la pastorale che guida la teologia che poi si fa "quasi dogma": i principi importanti, dunque, non discendono da Dio, ma salgono dall'uomo[41]. Questo ribaltamento ha avuto conseguenze devastanti, e non solo nella musica sacra. La svolta antropologica nella teologia ha segnato

---

[39] È impossibile fornire qui l'elenco degli scritti di Ratzinger su questi temi: si tratta di un percorso già tracciato dai tempi dell'agile saggio *La festa della fede* (RATZINGER 1981) sino al maturo saggio *Spirito della liturgia*. L'attenzione per il senso della musica sacra all'interno di una salda riflessione teologica è per altro continua nel pensiero del grande teologo tedesco, anche nell'autobiografia (RATZINGER 1997) e nel suo ultimo scritto, *Che cos'è il cristianesimo* (BENEDETTO XVI 2023). L'XI volume dell'*Opera omnia* raccoglie i saggi di Ratzinger sulla liturgia: ben 126 pagine sono dedicate alla musica sacra (RATZINGER 2010, pp. 573–698.

[40] Il libro di Ratzinger è pubblicato in italiano, ma è il risultato della traduzione dal tedesco: in questa espressione («totalmente altro») si riconosce l'eredità della nota definizione di Rudolf Otto («ganz Anderes», nel suo libro *Das Heilige* (*Il sacro*: OTTO 1917).

[41] Vedi LIVI & PORFIRI 2018.

tutta un'epoca e ancora oggi domina il discorso teologico deviando questa disciplina dal suo vero obiettivo, che è Dio. Anche la definizione classica dello scopo della liturgia (e della musica sacra), cioè la gloria di Dio e l'edificazione dei fedeli, dovrebbe suggerirci l'ordine esatto e necessario delle cose. I fedeli non si edificheranno e santificheranno se a Dio non viene dato gloria nel modo a Lui proprio e dovuto. Non si tratta di uno sviluppo solo degli ultimi decenni: alla fine dell'Ottocento e all'inizio del secolo scorso il modernismo vedeva nell'immanentismo la nuova frontiera della comprensione dell'esperienza religiosa, stravolgendo la giusta visione della teologia e della teologia liturgica. San Pio X nella *Pascendi* così descriveva l'apporto devastante dell'immanentismo[42]:

"Con che, Venerabili Fratelli, Ci si dà finalmente il passo per osservare i modernisti sull'arena teologica. Difficile compito: ma con poco potremo trarCi d'impaccio. Il fine da ottenere è la conciliazione della fede colla scienza, restando però sempre incolume il primato della scienza sulla fede. In questo affare il teologo modernista si giova degli stessissimi principî che vedemmo usati dalla filosofia, adattandoli al credente; ciò sono i principî dell'immanenza e del simbolismo. Ed ecco con quanta speditezza compie egli il suo lavoro. Ha detto il filosofo: "Il principio della fede è immanente"; il credente ha soggiunto: "Questo principio è Dio"; il teologo dunque conclude: "Dio è immanente nell'uomo". Di qui l'essere dell'immanenza teologica. Parimente: il filosofo ha ritenuto come certo che le "rappresentazioni dell'oggetto della fede sono semplicemente simboliche"; il credente ha affermato che "l'oggetto della fede è Dio in se stesso"; il teologo adunque pronunzia: "Le rappresentazioni della realtà divina sono simboliche". Di qui il simbolismo teologico. Errori per verità enormi; i quali quanto sieno perniciosi, si vedrà luminosamente nell'osservarne le conseguenze".

---

[42] Pio X, Enciclica *Pascendi Dominici gregis* (1907), inizio della parte II (https://www.vatican.va/content/pius-x/la/encyclicals/documents/hf_p-x_enc_19070908_pascendi-dominici-gregis.html).

Ecco che allora tutto si riduce a soggettivismo, al sentimento religioso che naturalmente è creazione dell'uomo più che emanazione da Dio. Infatti prosegue san Pio X:

"La Religione, sia essa naturale o sopra natura, alla guisa di ogni altro fatto qualsiasi, uopo è che ammetta una spiegazione. Or, tolta di mezzo la naturale teologia, chiuso il cammino alla rivelazione per il rifiuto dei motivi di credibilità, negata anzi qualsivoglia esterna rivelazione, chiaro è che siffatta spiegazione indarno si cerca fuori dell'uomo. Resta dunque che si cerchi nell'uomo stesso; e poiché la religione non è altro infatti che una forma della vita, la spiegazione di essa dovrà ritrovarsi appunto nella vita dell'uomo. Di qui il principio dell'immanenza religiosa. Di più, la prima mossa, per così dire, di ogni fenomeno vitale, quale si è detta essere altresì la religione, è sempre da ascrivere ad un qualche bisogno; i primordi poi, parlando più specialmente della vita, sono da assegnare ad un movimento del cuore, o vogliam dire ad un sentimento. Per queste ragioni, essendo Dio l'oggetto della religione, dobbiamo conchiudere che la fede, inizio e fondamento di ogni religione, deve riporsi in un sentimento che nasca dal bisogno della divinità. Il quale bisogno, non sentendosi dall'uomo se non indeterminate ed acconce circostanze, non può di per sé appartenere al campo della coscienza: ma giace da principio al di sotto della coscienza medesima o, come dicono con vocabolo tolto ad imprestito dalla moderna filosofia, nella subcoscienza, ove la sua radice rimane occulta ed incomprensibile".

Dunque le ragioni teologiche che costituiscono il fondamento della crisi della musica sacra procedono non da avvenimenti relativamente recenti, ma da un seme avvelenato che affonda le radici ben più lontano nel tempo: se ne può addirittura intravederne la prima traccia nell'Umanesimo che preclude al Rinascimento[43]. Non che si ritenga che le esigenze e le aspirazioni dell'uomo non abbiano una loro legittima

---

[43] Su questa remota origine dello stravolgimento antropocentrico ha insistito a lungo il pensatore brasiliano Plinio Corrêa de Oliveira: cfr CORRÊA DE OLIVEIRA 2009 (I ed. brasiliana 1959).

importanza, ma esse mancano della loro ragione di essere quando sono poste al di fuori della giusta gerarchia dei valori. La religione dell'uomo non è che un'auto celebrazione quasi onanistica, necessariamente infruttuosa perché –come molte volte sottolineato da Ratzinger – non apre ad un'alterità ma rimane chiusa nell'orizzonte dell'umano che si autocelebra. Ecco che la "musica sacra" attuale (che non dovrebbe in realtà neanche chiamarsi in questo modo) non è che il frutto logico e consequenziale delle deviazioni teologiche e dottrinali che hanno travagliato la Chiesa e delle quali non si intravvede ancora una fine.

2. Ragione culturale

Non possiamo comprendere le ragioni della crisi della musica sacra senza identificare quelli che sono stati gli enormi cambiamenti culturali degli ultimi secoli, cambiamenti che riguardano il modo in cui la musica sacra si è articolata nei confronti della musica profana. Fino all'età moderna la musica sacra in ambito cattolico costituiva il centro di attrazione delle risorse creative ed esecutive, e questo specialmente nel periodo che per convenzione viene definito "Medioevo": la nostra documentazione sulla musica profana mostra che le strutture linguistiche della musica profana (modalità, ritmo, tecniche compositive) sono legate a quelle della musica sacra: basti pensare al rapporto tra sequenze, tropi, *prosulae* e repertorio profano mediofrancese (trovatori e trovieri). La musica sacra medievale non è affatto impermeabile a quanto accade fuori della chiesa: si pensi al repertorio laudistico italiano, che certamente riceve impulso dalla musica popolare, ma la assimila in un contesto coerente e coeso[44].

Anche se nel Rinascimento questa situazione ha una sua sostanziale continuità, si comincia a constatare un'emancipazione della musica

---

[44] Inutile ammassare qui bibliografia: conviene rinviare alle storie della musica più documentate, ad es. all'ormai classico volume di Cattin 1991 (tradotto anche in inglese: Cattin 1984) e, in campo profano, ad es. a Drumbl 1981 e Drumbl 2003. Sulla lauda le ricerche sono in corso: cfr Gozzi 2010.

profana da quella sacra, che diverrà ancora più evidente dal Barocco in poi. La nascita o lo sviluppo di forme musicali come l'opera lirica, il concerto, la sonata e via dicendo daranno ai compositori di musica profana possibilità enormi ed apriranno quelli che oggi definiremmo "nuovi mercati". Questo avrà un suo apice per quello che riguarda la musica sacra e il suo rapporto con quella profana dal diciottesimo e in particolare nel diciannovesimo secolo, quando il linguaggio operistico monopolizzerà la creatività musicale influenzando pesantemente anche la composizione di musica liturgica e in generale di musica sacra, suscitando, come si è visto nel precedente capitolo, le reazioni preoccupate dei documenti della Chiesa da Leone XIII in poi. Il ventesimo secolo sarà tempo di enormi cambiamenti tecnologici e culturali, tra i quali quello della commercializzazione della musica attraverso radio, televisione, cinema, CD, piattaforme streaming…. Queste possibilità di commercializzazione della musica apriranno significative fonti di reddito per i musicisti, con conseguenti nuove risorse di marketing per conquistare mercati sempre più vasti. Le multinazionali dello spettacolo e, in anni più recenti, della distribuzione sul web, non sapranno soltanto imporre i loro artisti, ma sapranno anche creare e manipolare il gusto musicale delle persone secondo la normale tecnica capitalista di spingere al desiderio di comprare sempre più, indipendentemente dalla reale qualità artistica del "prodotto" commercializzato.

Questo, unito in alcuni paesi al crollo dell'educazione musicale (che comprendeva anche un'esposizione ai grandi repertori di quella che con termine molto discutibile viene definita "musica classica") ha fatto sí che l'attrattiva della musica commerciale, indubbiamente enormemente diffusa, toccasse anche la liturgia cattolica. Purtroppo, con il pretesto di attuare la riforma liturgica seguita al Concilio Vaticano II, questo appiattimento linguistico e artistico trovò uno sbocco per penetrare nel tempio di Dio. Perché questo accadesse si deve anche considerare l'opera in questo senso di vari nuovi movimenti ecclesiali che crearono nuovi repertori di musica per la liturgia (direttamente o indirettamente) che molto orecchiavano la musica commerciale e che anche contribuiranno al pervertimento della funzione della musica sacra nel culto a Dio. In questo senso pensiamo a movimenti come tra gli altri i Focolarini, il Rinnovamento dello Spirito, i Neocatecumenali (ovviamente in questo ambito non si discutono gli eventuali meriti che questi movimenti possano avere avuto in altri settori). Uno dei momenti più importanti di questo cambiamento, potremmo definirlo quasi un momento simbolico, fu quello della esecuzione a Roma il 27 aprile 1966 di quella che verrà poi definita la "Messa Beat" o "Messa dei giovani". Quello fu un momento di rottura veramente importante per vari motivi: il fatto che la Messa fosse eseguita a Roma, nel cuore della Chiesa cattolica, il fatto che essa fu eseguita nella sala Borromini nell'ambito della comunità dei padri oratoriani della Chiesa Nuova, attivi in passato nello sviluppo della lauda religiosa, il fatto poi che per questa iniziativa furono coinvolti personaggi non secondari del mondo ecclesiastico romano. La musica per questa esecuzione era stata composta da Marcello Giombini (1928-2003), apprezzato autore di colonne sonore di film western, horror ed erotici[45]. Questo autore, che certamente conosceva il suo mestiere come autore di colonne sonore, per sua stessa ammissione non sapeva nulla di quello che gli era stato chiesto di fare. Ecco come Alessandro Beltrami riporta le dichiarazioni di Giombini su *Avvenire* (giornale della Conferenza Episcopale Italiana) del 3 marzo 2016. Il musicista descrive così la sua opera "sacra":

> *"era un fenomeno solo discografico. Io non ero un addetto ai lavori, non sapevo niente di liturgia, anche se avevo amici liturgisti che mi aiutavano. Da musicista, però, mi sembrava di aver scoperto l'esigenza di un canto religioso più giovane e vicino al costume di quegli anni, perché in chiesa allora si sentivano grandi lagne. E così ho pensato a un prodotto mirato come la Messa. Che difatti ha avuto molto successo, decine di migliaia di copie".*

[45] Sul musicista la documentazione è offerta dal sito http://www.marcellogiombini.it/.

Alcuni potranno obiettare su un fatto. Grandi compositori rinascimentali come Orlando di Lasso composero grande musica sacra ma anche musica profana decisamente licenziosa. Perché dovremmo sorprenderci o indignarci per Giombini? In realtà la situazione è profondamente diversa, per le ragioni linguistiche sopra richiamate: nel Rinascimento è ancora la musica sacra che costituisce il paradigma di riferimento, e tra il linguaggio della musica sacra e quello delle musica profana esiste un'evidente continuità. In questo caso, invece, la musica che si propone di essere "sacra" assume passivamente moduli linguistici della musica di consumo, destinata a breve vita perché legata alle mode del momento.

3. Ragione musicale

Parlando del cambiamento culturale è stato inevitabile sottolineare come i cambiamenti nella musica abbiano anche coinvolto cambiamenti nella cultura. In effetti, se guardiamo alla musica in modo più approfondito, dobbiamo riconoscere come la crisi della musica sacra si sia inserita in un momento di forte crisi del linguaggio musicale in quella che viene definita "musica classica", una crisi che ha allontanato molti ascoltatori dalle sale da concerto. Il rifiuto di tenere conto delle esigenze di chi ascolta, proponendo composizioni prive di riferimenti alle strutture tonali o modali, ha creato un baratro fra i fruitori e gli esecutori, che ha inevitabilmente lasciato terreno libero per altri generi di musica, di qualità frequentemente bassa, capaci di attirare l'attenzione del pubblico, già orientato dalla potenza delle moderne tecniche di marketing. La musica commerciale diverrà per moltissimi l'unica esperienza musicale possibile, essendo di più semplice fruizione rispetto, ad esempio, al jazz. La situazione è profondamente diversa rispetto al passato: nel Settecento e nell'Ottocento, ad esempio, la musica di consumo ovviamente esisteva, ma adoperava fondamentalmente lo stesso linguaggio della musica "colta", sicché non si creavano alterità e fratture, ma una sostanziale continuità: basterà pensare a figure di grandi musicisti come Schubert o lo stesso Brahms. Purtroppo si è andati a cercare nuova musica sacra nell'ambito linguistico della produzione musicale di basso livello, quella commerciale più banale e priva di sostanza artistica.

Se torniamo strettamente alla musica sacra, non si può non osservare come dopo il Concilio Vaticano II si siano distrutti gli apparati che potevano garantire una continuità con la tradizione per quello che riguarda la musica nella liturgia. Una volta che si sono cacciati dalle chiese compositori, organisti, cantori e via dicendo con il pretesto che questo servizio deve essere compiuto gratuitamente (il che è privo di fondamenti e contrasta con la dottrina sociale della Chiesa, che rispetta e valorizza il valore del lavoro e della professionalità) il livello di quello che si sarebbe ascoltato nella liturgia ebbe un crollo verticale. Se si eliminano coloro che dovrebbero garantire il buon livello artistico della musica sacra, non ci si può aspettare di conseguenza che essa possa raggiungere il suo scopo desiderato. È triste constatare che anche per quest'ultimo aspetto enormi sono le responsabilità interne alla Chiesa cattolica.

4. Ragione antropologica

Abbiamo già parlato in precedenza della svolta antropologica in teologia. Una particolare declinazione di questa svolta, che anche riguarda la crisi della musica sacra, è quella che ha avuto a che fare con il rincorrere un certo "giovanilismo". Questo fu favorito anche dal clima degli anni '60: le rivolte studentesche, la diffusione di un certo tipo di musica che era indirizzato a ragazzi e ragazze, un tipo di musica che rifletteva anche un certo tipo di cultura, fatta di pacifismo, droghe libere, rivoluzione sessuale e via dicendo: il momento simboleggiato da Woodstock (1969), e dai moti iniziatisi nel '68 francese. Sull'onda del Concilio Vaticano II si pensò che una musica che si collocasse in questi filoni sarebbe stata adatta per riportare i giovani in chiesa. A distanza di più di mezzo secolo non si può non riconoscere che il tentativo, anche se certamente mosso da buone intenzioni, si risolse in un fallimento. Lo svuotamento delle chiese, soprattutto da parte dei giovani, ebbe inizio in quell'epoca: il voler attrarre appiattendosi sui linguaggi dominanti, sull'antropologia corrente, anziché offrire una proposta coerentemente esigente, ha costituito un errore ormai storicamente indiscutibile. Sembra evidente una mancanza di discernimento di molti Pastori di quel tempo; il risultato non poteva essere che la catastrofe che oggi è sotto ai nostri occhi (e nelle nostre orecchie).

Il "giovanilismo", dunque: l'analisi più forte di questo fenomeno e del suo rapporto con la strategia della Chiesa cattolica di quegli anni si deve al filosofo ticinese Romano Amerio nel suo magistrale libro *Iota Unum*. La citazione è lunga ma vale la pena leggerla per intero (AMERIO 1985, pp. 173–175):

"Tutti i motivi di questo giovanilismo del mondo contemporaneo, parte- cipato dalla Chiesa, si uniscono nel discorso di aprile 1971 a un gruppo di hippies concorsi a Roma a manifestare per la pace. Il Papa rileva con lode «i valori segreti» che i giovani vanno cercando e li enumera. E primo la spontaneità, che al Papa non sembra in contraddizione con la ricerca, benché una spontaneità ricercata cessi di essere spontaneità. Non gli sembra molto in contraddizione nemmeno con la moralità, benché questa, essendo intenzionalità consaputa, si sovrapponga alla spontaneità e possa contrad- dirle. Il secondo valore della gioventù è «la liberazione da certi vincoli formali e convenzionali». Il Papa non precisa quali siano. D'altronde le forme sono l'apparire delle sostanze, sono la sostanza medesima nel suo apparire, cioè nel suo entrare nel mondo. E le convenzionalità sono le con- venienze, cioè i consensi, e sono buone se sono consensi in cose buone. Il terzo è «la necessità di essere sé stessi». Ma non si chiarisce qual è l'Io che il giovane deve attuare e in cui riconoscersi: ve n'è infatti una pluralità in una natura libera, trasmutabile in tutte guise. L'Io vero esige non che il giovane si realizzi comunque, ma che egli si trasformi e diventi persino un altro da sé. D'altronde la parola del Vangelo non ammette chiosa: abneget semetipsum (Luc., 9, 23). Il Papa medesimo aveva il giorno prima esortato alla metanoia. Dunque: realizzarsi o trasformarsi? Il quarto è lo slancio «a vivere e interpretare il proprio tempo». Il Papa tuttavia non porge ai

giovani la chiave interpretativa del proprio tempo e non rileva che, per la religione, nell'effimero del proprio tempo l'uomo ha da ricercare il non effimero, cioè il fine ultimo che permane attraverso tutto l'effimero. Così, avendo svolto il discorso senza alcuna esplicitazione religiosa, Paolo VI conclude un po' inopinatamente: «Noi pensiamo che in questa vostra interiore ricerca voi avvertiate il bisogno di Dio». Certo il Papa parla qui opinativamente e non magistralmente".

Si può ritenere l'analisi di Romano Amerio come una lucidissima visione degli slittamenti che già nel magistero di Paolo VI si verificarono per quello che riguardava il modo di guardare al mondo, per cui la Chiesa sembrava dovesse ora apprezzare indiscriminatamente i valori che lo stesso mondo proponeva, fossero essi buoni o no.

5. Ragione liturgica

La liturgia dopo il Vaticano II è stata riformata in modo molto diverso da quanto richiesto dal testo conciliare, che non domandava affatto una "nuova liturgia" che sarà implementata negli anni seguenti il Concilio[46]. Malgrado le parole di grande apprezzamento nella *Sacrosanctum Concilium*, la musica sacra ha conosciuto una crisi profondissima pochissimi anni dopo il Vaticano II: questo, oltre alle ragioni che abbiamo visto in precedenza, è anche dovuto alle possibilità che la nuova liturgia elaborata nella seconda metà degli anni '60 offre alla musica stessa. Anzitutto c'è un discorso legato alla durata dei riti: oggi si preferiscono tempi molto più stringati rispetto a quanto ci si concedeva in passato. Già nella tarda antichità, d'altra parte, questi problemi non erano assenti: Cesario di Arles (V-VI secolo) richiama varie volte i suoi fedeli alla paziente attenzione, ma la situazione di perpetuo "rumore" e di assedio

---

[46] Documentazione storica e bibliografia ad es. in MILANESE 2005. Tra le numerose ricostruzioni delle vicende del Vaticano II si segnala in particolare, per l'attenta documentazione storica, il volume di DE MATTEI 2019.

comunicativo nella quale vive l'umanità contemporanea ha condotto a una situazione senza precedenti: non ci si deve però adeguare passivamente all'antropologia dominante: «la Chiesa deve rimanere esigente» (Ratzinger 2010, p. 601). La Chiesa dovrebbe educare le persone ai ritmi della liturgia e anche all'importanza che la vera musica sacra avrebbe in essa, come si dirà più ampiamente in seguito. C'è poi una questione che si è sovrapposta alla riforma liturgica e che un liturgista servita, padre Silvano Maggiani (morto di recente) definiva "partecipazionismo". Questa è l'idea secondo la quale nella liturgia tutti devono "fare" qualcosa: leggere, cantare, animare… Anche su questo punto la massima chiarezza è stata raggiunta dalla riflessione di Ratzinger: non si vede, osserva il teologo, perché "partecipazione", debba essere intesa ad esempio solo come emettere suoni (parlare, cantare) e non ricevere suoni (ascolto, meditazione). Ad esempio, chi ha difficoltà a cantare deve essere "costretto" a farlo? Secondo questa mentalità il coro sta rubando qualcosa che invece deve essere di tutti, il canto: ovviamente è un'idea completamente sbagliata, perché il coro canta a nome dell'assemblea in quanto capace di offrire le lodi a Dio in canto in modo più degno. Alcuni dicono che Dio non bada al modo in cui cantiamo e che egli accetta anche il canto stonato: vero è che Dio accetta quel canto da parte di chi non può fare altrimenti. Ma è segno di rispetto verso la maestà di Dio offrire un canto stonato quando si potrebbe fare molto di meglio? Il risultato di un livellamento verso il basso è molto pericolosa. Un altro risultato della concezione limitante di "partecipazione" come "fare" è la verbosità: la liturgia è divenuta infarcita da discorsi e considerazioni varie da parte di non pochi sacerdoti. Il teologo Roberto Tagliaferri, nel suo libro *La tazza rotta* (Tagliaferri 2009), osserva:

"La prassi liturgica soffre di questa deformazione mentale per cui si pensa che i contenuti verbali siano più potenti e originari delle percezioni sceniche. Si può invocare dunque una crudeltà per la liturgia, intesa come necessità improrogabile di ritorno alla scena, cioè ai linguaggi estetici

della musica, della festa, della danza, del travestimento, del profumo, ecc. Tutto questo ambito è stato liquidato dai cultori della riforma conciliare con il fantasma del ritualismo, confondendo la problematica epistemologica dei linguaggi del Sacro con le derive giuridiciste e clericali del rubricismo post-tridentino. La suggestione antiscenica del post-concilio è arrivata a invocare una piena secolarizzazione del rito a favore dei linguaggi verbali e psicologico-morali, come condizione per accedere alla veritas del sacramento cristiano. La stessa chiesa italiana dopo il concilio ha inaugurato la linea di evangelizzazione per salvare i sacramenti dalla loro formalità perché da soli non offrivano garanzie sufficienti di appartenenza totale al Credo esplicito della chiesa. Secondo questa visione solo chi crede e conosce la dottrina dei misteri attraverso la catechesi può accostarsi fruttuosamente alla liturgia cristiana. Neppure un sospetto che vi potrebbe essere un livello linguistico più complesso alla fede, oltre la parola esplicita!".

6. Ragione pedagogica

Qui dobbiamo affrontare un argomento che ha ovviamente ramificazioni in molte direzioni: la Chiesa ha rinunciato al suo compito di educatrice dei fedeli. Un tempo la Chiesa formava il gusto delle persone con la sua arte, la sua musica, la sua spiritualità. In questo modo essa è stata uno dei motori della nostra civiltà. In seguito sembra aver rinunciato a questo ruolo per rincorrere le mode del momento. Questo è stato senz'altro motivo della perdita del senso di cattolicità dell'arte, della musica, che sono spesso divenuto le "appendici" di fenomeni profani ben più rilevanti. In passato l'educazione riguardava tutti i livelli della società, dai bambini agli anziani. Oggi anche molti degli strumenti pedagogici che la Chiesa propone sono infarciti di sociologismo e psicologismo e mancano dell'indispensabile legame con la sfera dottrinale e spirituale.

7. Ragione sociologica

Nel secolo precedente è stata forte la spinta per la rinuncia al concetto di sacro e di conseguenza anche a quello di autorità, che si poggia su una visione gerarchica e sacrale della vita e dell'universo. Solo riconoscendo che l'autorità legittima discende da Dio, e quindi ha un carattere sacro, possiamo dare ordine alla nostra esistenza. Il concetto di autorità è stato oggetto di una fortissima contestazione e non solo per quanto riguarda le persone, ma anche per quello che riguarda ciò, o chi, è autorevole anche nel campo artistico. Nell'ambito della musica sacra questo si è estrinsecato in un rovesciamento di prospettiva rispetto al movimento di riforma che prendeva slancio dal Motu Proprio di san Pio X nel 1903. In quel caso canto gregoriano e polifonia classica erano indicati come i modelli da seguire per quello che riguardava la musica sacra, nel "dopo concilio", malgrado la *Sacrosanctum Concilium*, questi repertori sono divenuti cose ingombranti da buttare via, senza però che si sia sostituito ad essi nulla di altrettanto valido ed efficace. La "nobile semplicità" di cui parla la *Sacrosantum Concilium* (n. 34: *ritus nobili simplicitate fulgeant*) è diventata banalità: «cosa semplice non è identica a cosa a buon mercato. Esiste la semplicità del banale ed esiste la semplicità che è espressione di maturità» (RATZINGER 2010, p. 599).

LA QUESTIONE DEL LATINO
E DEL CANTO GREGORIANO

Latino e liturgia

Non c'è dubbio che tra i bersagli preferiti di coloro che hanno premuto per una radicale riforma della liturgia cattolica ci sono stati la lingua latina e il canto gregoriano. In realtà questa comune considerazione non deve sorprenderci: anzi è perfettamente logica quando si comprende che lingua latina e canto gregoriano sono intimamente uniti. Alcuni potranno menzionare il fatto che ci sono stati e ci sono molti tentativi di tradurre il canto gregoriano nelle lingue vernacolari, ma su questo torneremo in seguito.

Dicevamo in precedenza come nelle intenzioni del Papa che aveva convocato e aperto il Concilio Vaticano II, Giovanni XXIII, non doveva essere in questione l'uso della lingua latina nella liturgia e nella vita della Chiesa. Anzi egli aveva raccomandato questo uso: si pensi al documento citato in capitolo precedente, *Veterum Sapientia,* una costituzione apostolica (che teoricamente è tuttora in vigore) che presenta considerazioni di grande finezza a proposito del rapporto tra Chiesa e lingua latina. Roncalli sottolinea la capacità del latino di non creare situazioni di privilegio per i parlanti di una lingua rispetto ad altre, ponendo tutti in una condizione di uguaglianza. La considerazione è particolarmente acuta perché l'odierna prevalenza di una sorta di "inglese impoverito" come lingua corrente ottiene l'effetto di privilegiare i parlanti naturali di questa lingua, mentre, osserva il documento papale, il latino è tipicamente egualitario e non favorisce nessun popolo rispetto ad altri: «invidiam non commoveat, singulis gentibus se aequabilem praestet, nullius partibus faveat, omnibus postremo sit grata et amica» (*Veterum sapientia,* n. 3). In questo documento, pubblicato il 22 febbraio 1962, non si dice nulla sul latino liturgico, che veniva ancora considerato come un fatto non discutibile.

Trascorsi neanche due anni dal testo di Roncalli, il latino fu oggetto di forte dibattito all'interno del Concilio stesso, ma le deliberazioni finali per la liturgia, contenute nella *Sacrosanctum Concilium*, continuavano a descrivere come normale l'uso di questa lingua per il rito romano: in effetti viene detto *Linguae latinae usus, salvo particulari iure, in Ritibus latinis servetur* (n. 36). La lingua latina nel rito latino doveva essere conservata, a meno di diritti particolari, cioè di tradizioni speciali nelle quali si fossero utilizzate altre lingue. La stessa parola, *servetur*, è utilizzata a proposito del patrimonio della musica sacra: *Thesaurus Musicae sacrae summa cura servetur et foveatur*: qui ci viene detto che il patrimonio della musica sacra non solo doveva essere conservato, ma anche sostenuto e fatto crescere[47]. Va osservato che si afferma che lo standard da conservare e accrescere è il patrimonio della musica sacra, non qualunque musica da usare nella liturgia: si tratta, cioè, di quei repertori, come il canto gregoriano e la polifonia, che ne hanno rappresentato, anche nei pronunciamenti magisteriali, il modello esemplare. Come poi si è giunti alla situazione che oggi possiamo constatare nelle nostre chiese, non è facile comprendere: certamente l'attuale stato di cose rappresenta una rottura inaudita con la tradizione della Chiesa e con i documenti dello stesso Vaticano II, se questi documenti vengono letti per ciò che effettivamente dicono e non sovrapponendo a essi un quadro interpretativo arbitrario.

Ci si può chiedere: perché bisognava conservare il latino? Si parla al passato in quanto, malgrado questa lingua non sia mai stata abolita per l'uso liturgico, oggi è praticamente introvabile nelle nostre celebrazioni nella Messa detta di Paolo VI, cioè nella Messe celebrate con il messale corrente, che pure si potrebbero celebrare in latino: il latino è di fatto impiegato quasi unicamente da coloro che celebrano con il Messale "classico", il che ha condotto all'errata equazione secondo la quale l'uso del latino coincida con l'uso del Messale precedente al 1969[48]: è molto

---

[47] Il verbo qui adoperato, *foveo*, ritorna spesso in questo testo, sempre con il significato di "favorire", "promuovere", fin dal primo articolo, che lo impiega ben due volte in poche righe.

[48] La bibliografia che ha cercato di chiarire questa confusione è molto ricca: sulla questione ha insistito Ratzinger fin dai tempi del suo saggio *La festa della fede* (RATZINGER

frequente leggere espressioni come "messa in latino" come equivalente a "messa antica". L'errore è evidente, ma se ne capisce la ragione se si considera come appena un paio d'anni dopo la fine del Vaticano II, prima, quindi, della realizzazione della "nuova messa" (che non fu affatto voluta dal Concilio Vaticano II[49]) i libri liturgici erano già largamente in lingua nazionale, con l'esclusione del Canone della Messa (si veda ad es. l'*English-Latin Roman Missal*, approvato nel 1965 e pubblicato nel 1966). Questa equivalenza fasulla, unita all'errata convinzione secondo la quale il messale in vigore dal 1969 sarebbe stato voluto dal Vaticano II, ha condotto a considerare l'uso del latino come una scelta "preconciliare" e implicitamente "anticonciliare", un'affermazione del tutto priva di fondamento ma largamente diffusa.

Molti autorevoli partecipanti al Vaticano II erano in realtà convinti che le affermazioni del Concilio sarebbero state prese sul serio. Il Cardinale Giuseppe Siri (1906-1989), Arcivescovo di Genova, uno dei più noti ecclesiastici del tempo, che cercò sempre di mantenere una posizione equilibrata in quegli anni difficili, affermava in una lettera pastorale del 1965 (SIRI 1978, pp. 119–120):

> *"Sentirete declamare in italiano parti della Santa Messa o dei riti connessi che prima intendevate in latino: avvertirete qualche leggera modifica od innovazione che vi sarà a suo tempo spiegata. [...] Le parti fisse della Messa solenne continueranno da noi ad essere cantate in un latino che è ormai familiare a moltissimi di voi. Al di là di queste innovazioni, fatte per la utilità vostra, i sacri ministri continueranno ad usare il latino nella ufficiatura e nei riti sacri. La vecchia meravigliosa lingua non scomparirà affatto e come ha legato duemila anni di cultura e fatta l'unità di Europa, continuerà a prestare il suo aiuto alla unità della Chiesa".*

1981): il volume venne tradotto in italiano nel 1984 (RATZINGER 1990) e in inglese nel 1986 (RATZINGER 1986); lucide come sempre le pagine di DE MATTEI 2009, pp. 5–7.

[49] Il Messale del 1965, praticamente scomparso dall'uso odierno, si poteva realmente definire il Messale del Vaticano II, e si caratterizzava per alcuni alleggerimenti rispetto al Messale classico, mantenendone la struttura.

Il testo di Siri segue esattamente l'impostazione della *Sacrosanctum Concilium*: anche quando sostiene «i sacri ministri continueranno a usare il latino nella ufficiatura» il Cardinale cita implicitamente il testo conciliare (n. 101: i chierici devono celebrare l'Ufficio in latino, disposizione ripetuta da altri documenti promulgati appena dopo il Vaticano II che confermano la necessità di un serio insegnamento del latino nei seminari[50]). Un altro episodio dello stesso anno ribadisce il legame strettissimo tra latino, musica sacra e mancata applicazione dei veri decreti del Vaticano II. Nello stesso anno, infatti, il Papa Paolo VI in persona rassicurava il preoccupato Preside dell'Istituto Pontificio di Musica Sacra, mons. Higini Anglès, sul futuro della musica sacra nella liturgia della Chiesa: e Anglès scrisse a don Laurence Feininger, il grande musicologo e musicista americano che svolse gran parte della sua attività a Trento, tranquillizzandolo sulla situazione. Feininger intuiva che il panorama era cupo e che un crollo della musica sacra e della liturgia si stava preparando. Anche Anglès constatava che il movimento di riforma della musica liturgica appariva «diretto da gente analfabeta nel campo della musica sacra», ma si dichiarava tuttavia moderatamente ottimista proprio in seguito al colloquio con Montini[51]:

> *"Ieri finalmente ho avuto la fortuna di avere udienza privata con il Santo Padre. Abbiamo parlato molto su questo argomento che ci sta tanto a cuore. È stato lui che mi ha promesso che tutto cambierà e che il patrimonio musicale della Chiesa sarà di nuovo tenuto in onore".*

La situazione si orientò rapidamente verso una direzione diversa, come lucidamente aveva temuto Feininger, che per tutto il resto della sua vita si rifiutò di celebrare la Messa se non con il Messale classico in

---

[50] Decreto *Optatam totius* (ottobre 1965), n. 13, che opportunamente rinvia alla lettera apostolica, sempre di Paolo VI, *Summi Dei verbum*. Addirittura al 1964 risale l'istruzione *Inter Oecumenici*, nn. 85-86, nel quale si riafferma l'obbligo di recita o canto in latino dell'Ufficio, con la possibilità di eccezioni *singulis pro casibus*, ossia in casi particolari individuali.

[51] La citazione proviene dall'Archivio Curti-Feininger: cfr CALLIARI 2022, p. 152.

latino, mostrando nella sua persona il rapporto stretto tra latino e musica sacra. I decreti della Santa Sede, in quell'epoca, continuavano a richiamare i testi del Vaticano II: oltre a ricordare l'obbligo del latino nella formazione sacerdotale (cfr. nota 4), Paolo VI pubblicò l'istruzione *Musicam sacram* (1967), nella quale si difendeva l'uso del gregoriano e della tradizione musicale; ormai l'uso della celebrazione in lingua nazionale locale si era così diffuso che il documento indica la necessità di mantenere almeno in qualche chiesa l'uso del latino nella liturgia (n. 48). La situazione, insomma, stava sfuggendo a ogni controllo: già nel 1965 Paolo VI esprimeva il suo sconcerto. Si veda l'Enciclica *Mysterium Fidei*, nella quale osservava che in merito allo stesso significato della Messa si era creata «non poca confusione intorno alle verità di fede, come se a chiunque fosse lecito porre in oblio la dottrina già definita dalla Chiesa» (n. 10). La «confusione» richiamata da Montini (*confusio* nel testo latino) si ripercuoteva, necessariamente, sulla considerazione della musica sacra.

Uno studioso inglese, Michael Davies, pubblicò un libretto nel quale sosteneva che nei testi del Vaticano II erano collocate come delle "bombe a orologeria", cioè delle frasi che, isolate dal contesto, avrebbero condotto a dichiarare come "conciliari" affermazioni in realtà non corrispondenti alla completezza del testo (DAVIES 2003)[52]. La linea esegetica di Davies, come in altre sue pubblicazioni, è a tratti piuttosto rigida, ma nella sostanza è corretta: frequentemente i documenti conciliari stabiliscono una linea di principio, aggiungendo poi possibilità "eccezionali" o concessioni speciali che, isolate dal contesto, vengono utilizzate per creare una nuova prassi. Il caso dell'Ufficio da cantare o leggere in latino, a parte casi singoli eccezionali (cfr nota 4) è significativo: i "casi singoli" per "gravi impedimenti" previsti dalla *Sacrosanctum Concilium* diventano, già nella *Musicam sacram* del 1967, ossia solo quattro anni dopo, fatti così normali che vanno in qualche modo regolati (n. 41), prescrivendosi la composizione di nuove melodie per chi canta l'Ufficio in lingua locale

---

[52] Davies (1936-2004) era un convertito cattolico, scrittore molto prolifico, del quale va ricordato in particolare il volume sulla riforma liturgica anglicana al tempo di Enrico VIII (DAVIES 1976, tradotto anche in italiano nel 2005).

nazionale. Insomma, in quattro anni i "gravi impedimenti" eccezionali erano già diventati la regola.

Joseph Ratzinger ebbe molte volte a osservare, già in anni ancora lontani dal suo accesso al soglio pontificio, che si era venuta a creare una sorta di "verità parallela", per cui si attribuivano al Vaticano II scelte, come appunto l'abolizione del latino, assolutamente assenti dai testi conciliari[53]. Oggi in gran parte dei seminari non si insegna neanche più il latino, cioè quella che ufficialmente è tuttora la lingua ufficiale della Chiesa. I documenti del Vaticano II e di Paolo VI sono stati cancellati dalla memoria collettiva, e si è creata, come si usa dire oggi, una "nuova narrazione" falsificante che, fondandosi sulle eccezioni (i "tuttavia", i "ma anche" dei testi ai quali si dovrebbe far riferimento) hanno costruito quella forma discontinua di ermeneutica sulla quale Benedetto XVI aveva spesso e inutilmente richiamato l'attenzione.

Il latino nella storia della liturgia

L'obiezione più frequente che si avanza contro l'uso del latino nella liturgia è quella dell'impossibilità della partecipazione da parte dei presenti, che in grande maggioranza non capiscono il latino. Si è già trattato della questione nel capitolo precedente, e converrà rinviare alle acute osservazioni in merito proposte da Ratzinger, ritornando un momento sul problema a causa della sua importanza centrale proprio in merito all'uso del latino e del canto gregoriano. Come sottolineato da Ratzinger, non ci si deve appiattire su un concetto di partecipazione come "fare" sempre qualcosa: anche l'ascolto è partecipazione. E, nel caso della comprensione del testo liturgico, va ricordato che la Messa non è una riunione o una conferenza: la Messa si fonda sull'essere ammessi alla presenza di qualcosa che ci trascende, e non è quindi la prosecuzione del quotidiano, ma accedere al soprannaturale. Il concetto

---

[53] Si veda ad es. la prefazione del Card. Ratzinger al libro di M. Lang *Conversi ad Dominum*, p. 7.

di "comprensione", che noi siamo stati portati a concepire soltanto come verbale, prende del tutto un altro significato. Essa è veramente *cum+pre-hendere*, prendere insieme. Non si limita al "capire" il significato di date parole, che a volte diviene così centrale e esclusivo da sfociare nel verbalismo. In quel momento dovremmo avere l'atteggiamento di san Tommaso d'Aquino prima di morire, che davanti a una visione di Dio capì quanto fragile era tutto quello che aveva scritto (ed era san Tommaso d'Aquino!). Non dobbiamo mai dimenticare che la classica definizione dei fini della liturgia, "per la gloria di Dio e l'edificazione dei fedeli", deve essere letta e concepita nell'ordine che essa è stata pronunciata. Solo se siamo capaci di dare adeguatamente gloria a Dio allora possiamo "edificarci", cioè costruirci interiormente. Non è la nostra personale edificazione che dona gloria a Dio: Dio non ha bisogno di noi, noi abbiamo bisogno di Dio. La liturgia è per sua natura sempre 'verticale', non orizzontale, cioè non si risolve nella conversazione tra i presenti, ma nell'apertura verso una dimensione diversa: *Scoprire l'altro universo*, secondo la felice espressione di un greco ortodosso (Theodossios Sgourdelis, 1909-1989) convertitosi al Cattolicesimo e divenuto sacerdote cattolico. In questo contesto l'uso di una lingua che sia specialmente impiegata per l'uso liturgico, come del resto accade in quasi tutte le religioni tradizionali, acquista tutto il senso necessario. In questo orizzonte si deve comprendere il concetto di "lingua sacra" che, appunto, non è esclusivo del Cristianesimo, che oltre al latino conosce ad esempio il greco cosiddetto bizantino, l'antico slavo ecclesiastico, il siriaco: basti pensare, oltre al mondo cristiano, all'ebraico biblico o all'arabo coranico. La trattazione dedicata al concetto di "lingua sacra" nel secondo capitolo del volume di U.M. Lang su liturgia, preghiera e linguaggio è di grande chiarezza (LANG 2012), così come il quarto capitolo del recente studio dello stesso autore sulla storia della Messa (LANG 2022); restano anche utili il breve saggio di Roberto De Mattei *Il latino nella vita della Chiesa*, al quale si è già fatto riferimento (DE MATTEI 2009, pp. 5–19), e le succose osservazioni di Amerio nel suo *Iota unum*, paragrafi 277 e seguenti.

Un quadro frequentemente ripetuto, che pretende di essere storico, sostiene il seguente modello:

1. la liturgia era originariamente in greco;
2. per rendere possibile la comprensione della liturgia si passò al latino;
3. quindi la stessa operazione si deve fare oggi, compiendo la transizione dal latino alle lingue locali.

Questo quadro storico è in realtà profondamente errato. Intorno alla metà del secolo XX si sviluppò a Nimega, in Olanda, presso l'Università Cattolica[54], un gruppo di ricerca che si dedicò allo studio delle origini del latino cristiano. Benché le conclusioni di questi studiosi siano state almeno in parte corrette dalla ricerca successiva (di recente cfr lo studio storico di DENECKER 2018), tuttavia il quadro tracciato da Christine Mohrmann per quanto riguarda il tema che qui interessa, ossia l'origine del latino liturgico, resta assolutamente solido. L'origine della predicazione cristiana nella zona occidentale del Mediterraneo è legata al greco: San Paolo era di cultura sia greca sia ebraica, e dagli *Atti degli Apostoli* risulta chiara la sua capacità di passare dal greco all'aramaico (il testo greco dice "ebraico" – τῇ Ἑβραΐδι διαλέκτῳ –, ma si tratta certamente delle lingua parlata al tempo, ragionevolmente l'aramaico)[55]. Il lungo uso del greco come lingua liturgica anche in Occidente si spiega molto facilmente perché il greco aveva già da secoli sviluppato un lessico biblico: la traduzione greca della Bibbia, detta *Septuaginta* ("Settanta"), esisteva al tempo della prima predicazione cristiana da circa tre secoli, ed era apprezzata anche da intellettuali pagani, quali l'autore del trattato di estetica e critica letteraria *Il Sublime* (intorno al I sec. d.C.); in latino invece la Bibbia non era stata tradotta, e quindi mancava completamente un lessico adatto a veicolare i concetti del nascente cristianesimo. Prima di tutto, quindi, si procedette a tradurre la Bibbia in latino, e solo suc-

---

[54] Attualmente, lasciata la denominazione di «Katholieke Universiteit Nijmegen», l'Università si chiama «Radboud Universiteit»: cfr https://www.ru.nl/en.

[55] Sul greco e i Greci nel Nuovo testamento cfr. WINDISCH 1967.

cessivamente fu possibile elaborare un linguaggio liturgico. Intorno al
II secolo esistevano le prime traduzioni latine della Bibbia, e scrittori
come Tertulliano (circa 155-220) mostra già un lessico ben elaborato.
L'uso del latino nella liturgia deve aver seguito le traduzioni della Bibbia
in latino: come era accaduto secoli prima con il greco, la traduzione
della Bibbia forniva il terreno lessicale e linguistico sopra il quale
potevano essere costruiti i testi liturgici. La linea temporale così frequentemente proposta, che suggerisce che il latino sia stato introdotto
nella liturgia quando i fedeli non erano più in grado di capire il greco, è
decisamente semplicistica. Il latino deve essere stato ammesso nella
liturgia come tale (preghiere, testi d'altare, canti) in un secondo momento
e probabilmente lentamente, non solo a causa della naturale qualità con-
servatrice di qualsiasi lingua liturgica, ma perché la lingua di qualsiasi
liturgia seria ha bisogno di uno stadio molto maturo del linguaggio "generale": una liturgia cristiana richiedeva un linguaggio tecnico già
radicato nella mente del clero e dei fedeli, in grado di raggiungere un
livello sufficientemente elevato senza sacrificare l'intelligibilità.

Dopo la fine delle persecuzioni (IV secolo), come osservò Christine
Mohrmann (1903-1988), la nuova posizione del cristianesimo nella
società romana aveva reso possibile utilizzare anche parole "pagane"
che in precedenza erano state considerate inadatte al vocabolario cristiano:
ad esempio, il neologismo *salvator*, per tradurre il greco σωτήρ (*sotér*),
era stato utilizzato probabilmente fin dal II secolo come parola tipicamente
cristiana, al posto del classico latino *conservator*, che era troppo legato
a significati pagani[56]; ma quest'ultima parola viene successivamente accettata dagli scrittori cristiani, che potevano permettersi di riutilizzare
quel lessico pagano colto dal quale nei primi secoli si tenevano lontani
per sottolineare la novità del messaggio cristiano. In sostanza la situazione
del Cristianesimo ormai stabilizzato nella società rendeva possibile l'elaborazione di un linguaggio cristiano che non aveva più timore di assorbire

---

[56] Nella *Vulgata* (la traduzione latina della Bibbia rivista da San Girolamo) la parola
conservator non ricorre mai, mentre ricorre 98 volte il neologismo *salvator*.

anche elementi del latino "pagano". In questo contesto linguistico e culturale nasce il latino liturgico, che è stilisticamente e lessicalmente molto maturo: erano passati più di duecento anni dalle prime traduzioni latine della Bibbia, e il latino dei Cristiani era ormai diventato una lingua perfettamente capace di servire alle necessità della liturgia. Va inoltre aggiunto, come varie volte osservò la Mohrmann, che la lingua liturgica ha una sua naturale tendenza conservativa, e che certamente anche questo elemento portò con una certa lentezza all'adozione del latino liturgico[57]. Lo stile, la lingua, il lessico del latino liturgico (ad esempio del Canone della Messa), sono di alto livello compositivo e non corrispondono affatto ad una lingua di livello puramente di uso[58]: non è un latino introdotto per ragioni di banale comprensibilità, ma perché la lingua aveva raggiunto la maturità necessaria.

U.M. Lang, con la consueta chiarezza, sintetizza bene questi dati storici nel suo recente volume sulla storia della Messa (LANG 2022, pp. 109–110), e in modo più divulgativo in un suo intervento per un convegno del 2008 sul Motu Proprio *Summorum Pontificum*[59]:

> *"Lo sviluppo di una liturgia latina non fu una semplice adozione della lingua "vernacolare" nella liturgia, dato che il latino del Canone Romano, delle collette e dei prefazi della Messa, fu distaccato dall'idioma della gente comune. Essa era una lingua fortemente stilizzata che un cristiano medio della Roma della tarda antichità avrebbe capito con difficoltà, considerato specialmente il fatto che il livello di istruzione era molto basso rispetto ai nostri tempi. Inoltre lo sviluppo della latinitas Christiana può avere reso la liturgia più accessibile alla gente di Roma o Milano, ma non necessariamente a coloro la cui lingua madre era il gotico, il celtico,*

---

[57] Molto numerosi sono gli studi della Mohrmann a proposito del latino liturgico e della sua formazione: alcuni tra i lavori principali in questo campo sono raccolti nel volume *Latin chrétien et liturgique*.

[58] Sul Canone della Messa restano ancora interessanti BOTTE 1935 e MOHRMANN 1965, pp. 227–244; in generale sull'Ordinario della Messa il titolo di riferimento è tuttora BOTTE e MOHRMANN 1953.

[59] Il testo è disponibile online su vari siti, ad es. http://www.internetica.it/Lang-LatinoLinguaLiturgica.htm.

l'iberico o il punico. È possibile immaginare una Chiesa Occidentale con lingue locali nella sua liturgia, come in Oriente, dove, in aggiunta al greco, erano usati il siriaco, il copto, l'armeno, il georgiano e l'etiopico. Ad ogni modo la situazione in Occidente era fondamentalmente differente; la forza unificatrice del Papato era tale che il latino era diventato l'unica lingua liturgica. Questo fu un fattore importante per favorire la coesione ecclesiastica, culturale e politica. La latinitas divenne uno dei fondamenti dell'Occidente".

Quanto le ricostruzioni semplicistiche (riassunte a pag. 5) sostengono è dunque storicamente infondato. La stessa Christine Mohrmann riassume lucidamente la questione in una sua conferenza tenuta a Washington (MOHRMANN 1957, pp. 83–86) della quale si cita qui la traduzione italiana già pubblicata nel volume *La Messa cattolica* (SCHNEIDER e PORFIRI 2022, p. 26):

"Il latino liturgico, come costituito verso la fine dell'antichità cristiana e conservato inalterato – almeno nelle sue linee principali – è una stilizzazione deliberatamente sacrale del latino paleocristiano via via sviluppatosi nelle comunità cristiane dell'Occidente. I cristiani latini erano relativamente in ritardo nella creazione di una lingua liturgica. Quando lo fecero, l'idioma cristiano aveva già raggiunto la piena maturità e le circostanze rendevano possibile attingere, per motivi di stile, all'antica eredità sacrale della Roma [pagana] (...) i testi di preghiera, penso (...) che siamo giustificati a chiedere se, al momento, l'introduzione del volgare sarebbe adatta per la composizione dello stile di preghiera sacrale. Come ho sottolineato, l'antico occidente cristiano ha aspettato molto tempo prima di adottare l'uso del latino. Ha aspettato che la lingua cristiana possedesse le risorse necessarie per creare una lingua di preghiera ecclesiastica ufficiale. (...) le lingue moderne, cosiddette occidentali (...) sono meno adatte alla stilizzazione sacra. Eppure dobbiamo renderci conto che la stilizzazione sacrale costituisce un elemento essenziale di ogni lingua di preghiera ufficiale e che questo carattere sacrale e ieratico non può e non deve mai essere abbandonato. Dal punto di vista dello sviluppo generale delle lingue occidentali – per non parlare dei problemi sollevati dalle altre lingue – il tempo presente non è certo propizio all'abbandono del latino".

Per riassumere queste considerazioni si può concludere come segue:

- l'uso di una lingua sacra destinata al culto liturgico è un fatto comune all'esperienza religiosa;
- l'affermazione che vedrebbe un parallelismo tra l'eliminazione di fatto del latino negli ultimi 50 anni e l'introduzione del latino nel IV secolo (cfr pag. 9) è infondata.

Va inoltre osservato che l'uso della lingua latina nella liturgia per più di 1500 anni non può, proprio dal punto di vista storico, essere eliminato in maniera repentina: il latino ha impiegato tre secoli per diventare una lingua adatta alla liturgia. Questo uso si è sedimentato così profondamente nella vita della Chiesa che il farne a meno da un momento all'altro non poteva che portare gli sconvolgimenti a cui ora assistiamo. Non si è forse riflettuto sul fatto che così tanti secoli non si cancellano quasi da un momento all'altro? La cosa è ancora più strana perché fatta in un tempo in cui le possibilità offerte dalla tecnologia e dall'avanzamento dei mezzi di comunicazione in realtà favorivano grandemente anche coloro che desideravano comprendere tutto quello che veniva detto o cantato nella Messa. Non solo i messalini con il testo originale e la traduzione a fronte erano utili, come osservava la Mohrmann (MOHRMANN 1957, pp. 84–85), ma oggi sono disponibili altre risorse che hanno arricchito i mezzi pedagogici che consentirebbero una comprensione verbale dei testi, a cominciare dalla ricca offerta di mezzi disponibile grazie alla rete Internet.

Esaminate nel loro complesso, dunque, le posizioni di coloro che condannano l'uso del latino sono o falsificanti (nel caso di chi attribuisce al Vaticano II l'eliminazione del latino) o prive di fondamento storico.

Canto gregoriano e liturgia

Il canto gregoriano è intimamente legato alla lingua latina, e dunque una considerazione sul canto gregoriano si poteva proporre solo dopo aver esaminato il problema del latino liturgico. Si sono infatti avuti molti tentativi di tradurre il canto gregoriano nelle lingue vernacolari, ma sono tentativi destinati al fallimento perché questo canto è così intimamente legato alla lingua latina che questi tentativi di traduzione finiscono per non avere senso. Nel caso delle lingue vernacolari è molto meglio proporre nuove composizioni che usano strutture stilistiche del canto gregoriano e il suo approccio modale e ritmico: in questo caso le musiche possono essere modellate direttamente sul testo in lingua volgare con risultati certamente più apprezzabili. Il legame del gregoriano con il latino è infatti strettissimo anche a livello fonetico: la composizione gregoriana conosce strutture basate sulla posizione dell'accento latino e la pronuncia del latino è un dato essenziale[60].

Ma perché darsi tanta pena per il canto gregoriano? In realtà è la Chiesa stessa che ha sempre venerato questo repertorio tanto da riconoscerlo, caso unico, come suo canto proprio: il canto proprio della liturgia romana (cfr ad es. *Sacrosanctum Concilium* n. 116). Esso non ha solo importanza come tesoro artistico, ma soprattutto come testimonianza di una esperienza di preghiera e meditazione profonda: il canto gregoriano è teologia ed esegesi in musica. La Chiesa lo aveva sempre coltivato non per scopi estetici, ma per scopi estatici. Essa comprendeva che il canto gregoriano rappresenterebbe un valido sentiero di preghiera, e come tale era un mezzo che offriva a tutti i fedeli. Ma oggi anche il canto gregoriano è stato spazzato via dalle nostre chiese. Che cosa abbiamo ottenuto in cambio? Credo che la risposta sia talmente triste che è penoso anche pronunciarla.

Naturalmente si sono trovate ragioni per giustificare il fatto che il canto gregoriano, malgrado le disposizioni del Vaticano II domandassero di conservarlo nella liturgia, sia stato di fatto estromesso dalla stessa. Una di queste ragioni richiama ancora quel concetto di "partecipazione" al quale più volte si è fatto riferimento: si tratta sempre di quel concetto

---

[60] Cfr i dati prodotti da Milanese 2014 e Milanese 2015, con bibliografia sugli studi precedenti.

di "partecipazione" legato solo a un "fare qualcosa" a tutti i costi, in questo caso il cantare. Quindi se le persone non cantano, dicono costoro, significa che non stanno partecipando. Ma sarebbe come dire che noi non partecipiamo quando viene tenuta l'omelia perché non stiamo parlando anche noi (e da queste idee malsane nasce la cosiddetta "omelia dialogata"). Anche in questo caso il Concilio Vaticano II non dice quello che non pochi liturgisti vogliono fargli dire (*Sacrosanctum Concilium*, n. 19):

> *"I pastori d'anime curino con zelo e con pazienza la formazione liturgica, come pure la partecipazione attiva dei fedeli, sia interna che esterna, secondo la loro età, condizione, genere di vita e cultura religiosa. Assolveranno così uno dei principali doveri del fedele dispensatore dei misteri di Dio. E in questo campo cerchino di guidare il loro gregge non solo con la parola ma anche con l'esempio".*

La partecipazione, quindi, non è soltanto esteriore, nel fare qualcosa, ma anche interiore (*participationem internam et externam*, dice il testo latino[61]). Anche l'ascolto è partecipazione, e ascoltare una musica profondamente spirituale come il canto gregoriano non può che aiutare il fedele a elevarsi a Dio.

Un'altra scusa è che il canto gregoriano deve fare spazio alla "musica di oggi". Certamente è auspicabile che la musica sacra si arricchisca di sempre nuove composizioni, ma bisogna ben vedere cosa si intende per "musica di oggi". Perché purtroppo per alcuni questa idea significa la musica commerciale, ma essa è musica di oggi come il porno è cinema di oggi; lo proiettiamo nelle sale parrocchiali? Si deve essere ben prudenti quando si gioca con le parole. Ci sono anche importanti compositori di buona musica sacra nella nostra epoca, sia in campo cattolico sia in campo riformato: non si vede perché si debba necessariamente appiattire tutto sulla musica commerciale. Il fatto che essa sia molto diffusa non

---

[61] Conviene qui rinviare alle analisi di Ratzinger richiamate nel capitolo precedente, soprattutto a RATZINGER 2010, 573 sgg.

significa che debba essere appropriata per il culto divino. Anche il porno
è molto diffuso, anche le droghe sono molto diffuse, anche le separazioni
sono molto diffuse… non tutto quello che è diffuso deve essere considerato
di per sé buono. Inoltre, il canto gregoriano non impedisce che si pro-
ducano nuovi repertori: anzi la familiarità con il repertorio "fondante"
della musica sacra occidentale, cioè il canto gregoriano, è una condizione
per cui i compositori di nuove musiche possano veramente possedere
una capacità compositiva capace di conferire alle loro opere quella
qualità liturgica che ne permette l'uso nel culto divino. Questo era già
stato affermato nel *Motu Proprio* di san Pio X del 1903 ed è una regola
che è certamente valida per l'oggi e per tutti i tempi. Il modello del
canto gregoriano permette la vera innovazione, la vera musica di oggi,
se vogliamo mantenere la definizione data in precedenza. Purtroppo
un'affrettata rimozione di questo grande patrimonio ha ottenuto come
risultato la desolazione liturgica e musicale nelle nostre chiese. Inoltre
questa cosiddetta "musica di oggi" introdotta nella liturgia non sembra
aver affatto portato il risultato sperato, cioè riportare la gente in chiesa:
le chiese sono sempre più vuote.

Un'ulteriore ragione che si è addotta per giustificare l'estromissione
del gregoriano e della grande musica dalle chiese è che non ci sono più
le forze musicali per eseguire un tale repertorio. Questa è una delle mie
favorite perché mostra veramente come il testo che abbiamo citato di
Confucio in merito al 'rettificare i nomi' riveli una profonda verità.
Perché non ci sono più esecutori adatti a eseguire questi repertori?
Semplicemente perché sono stati estromessi dalle chiese: persone adatte
a eseguire questi impegnativi repertori ci sarebbero, ma non viene loro
concesso. E non è solo un problema di svalutazione dell'idea di professionismo musicale, per cui coloro che fanno i musicisti in chiesa con
una preparazione adeguata vanno adeguatamente compensati, come si
compensa il sagrestano, il fioraio o l'elettricista; ma, anche nel caso
questi musicisti si offrano gratuitamente, si trovano spesso di fronte a
ostilità ideologiche. Un musicista seriamente preparato farà bene a
rifiutare di suonare o cantare repertori di livello inaccettabile, rivolgendo

la sua attenzione professionale non più alla musica eseguita in chiesa ma ad altri mondi. Senza dubbio, la questione della compensazione per i musicisti di Chiesa è più importante in alcuni paesi che in altri: in alcuni paesi, come Stati Uniti, Inghilterra o Germania, ancora esistono almeno in alcuni casi condizioni favorevoli ai musicisti di Chiesa, ma specialmente nei paesi di antica tradizione cattolica, come Italia, Spagna, Portogallo, la situazione è tutt'altro che rosea. Forse la Francia, da un certo punto di vista, è ancora un'eccezione in questo senso. Ma, se si pensa all'Italia, si è cercato di eradicare il professionismo musicale con tutti i mezzi e ancora non si è terminato con questa opera di distruzione. Quindi, i mezzi ci sarebbero, ma purtroppo non si investe più in questo campo con conseguente calo verticale della qualità della musica sacra. Vero è anche che sempre meno gente frequente la chiesa e quindi ci sono meno risorse economiche da impiegare. Ma qualcuno dovrebbe farsi una domanda: se dopo decenni di riforme il risultato è questo, non ci si dovrebbe porre la domanda se queste riforme erano ciò di cui la gente aveva veramente bisogno? Non ci si rende conto che il problema non era certamente il canto gregoriano?

Alcuni anche sostengono che si poteva fare a meno del canto gregoriano perché è noioso, o, come si dice volgarmente, "una lagna". Che il canto gregoriano possa essere eseguito in modo che suoni come una lagna è vero. Ma la stessa cosa può essere detta per qualsiasi altro repertorio, comprese le canzonette, spesso zuccherose e banali, in uso in tante chiese. Il canto gregoriano, se eseguito propriamente, è musica celestiale, che veramente aiuta e facilita la preghiera. Ma come tutti i repertori va eseguito nel modo appropriato. Quindi non è il canto gregoriano che è noioso, ma sono certe esecuzioni che lo hanno fatto sembrare tale. Mentre la ricerca degli ultimi decenni ha mostrato che il canto gregoriano è musica estremamente varia, ricchissima dal punto di vista ritmico e modale, una divulgazione sbagliata, che ha dominato per circa mezzo secolo e che è ancora praticata in alcuni ambienti, ha trasformato il gregoriano in una serie di note tutte di uguali durata, con un risultato di un appiattimento generale e di sparizione di quella ricchissima varietà compositiva alla quale si accennava[62]. Questo forzato 'equalismo', già di per se stesso distruttivo della musicalità del gregoriano, spesso si accompagna ad un'esecuzione quasi uniformemente sottovoce, certamente antimusicale e a tratti soporifera (e contro i dati dei manoscritti antichi, che conoscono l'indicazione *klangor*, ossia "canta forte"). Ma questo non è il canto gregoriano, è una distorsione dello stesso canto che appartiene a certi gruppi e che non trova corrispondenza nella verità delle cose.

Il canto gregoriano andrebbe promosso anche soltanto per la sua valenza interreligiosa e potenzialmente ecumenica. Potrà questa apparire un'affermazione curiosa, ma va invece considerata con attenzione. Il linguaggio musicale del canto gregoriano è imparentato con tante altre tradizioni compositive. Per esempio la struttura di molti introiti (canti che si eseguono all'inizio della Messa) è simile alla struttura compositiva di canti dell'Africa magrebina, il cosiddetto *maqam*: il che non stupisce affatto data l'origine in parte almeno mediterranea del gregoriano (ANTONELLI 1988). Dal punto di vista modale, il gregoriano è confrontabile con tradizioni musicali mediterranee orientali e addirittura con musiche dell'Estremo Oriente. Alcuni brani presentano infatti una struttura pentatonica: ad esempio questo è il caso del canto di comunione della notte di Natale, *In splendoribus*, che è costruito su una base pentatonica molto chiara: e il pentatonismo caratterizza molte tradizioni, per esempio quella cinese. Molte sono le ricerche in questo campo, dal libro fondamentale sul rapporto tra musica cristiana e sinagogale (WERNER 1959), alle ricerche etnomusicologiche di Peter Jeffery (JEFFERY 1992), senza dimenticare gli affascinanti affreschi di Marius Schneider (SCHNEIDER

---

[62] Non si può qui che accennare al problema: la divulgazione 'forzata' del gregoriano è un effetto negativo della riscoperta del gregoriano di fine Ottocento e inizio Novecento. Il metodo 'divulgativo' non è mai stato applicato, del resto, nella stessa sede in cui fu ideato, l'abbazia francese di Solesmes, come chiarì l'allora direttore del coro dell'abbazia: cfr CLAIRE 1990. Proprio da un monaco di Solesmes è nata la moderna ricerca sul gregoriano, che ne ha ritrovato la ricchezza: cfr CARDINE 1979. Il testo, pubblicato originariamente in francese (CARDINE 1970) è stato poi tradotto in molte lingue, dallo spagnolo all'inglese al giapponese.

1962 ; Schneider 1999) o gli studi sulla modalità di Jean Claire, di
Alberto Turco e dei loro allievi e collaboratori. Il gregoriano, in altre
parole, costituisce un pilastro della musica occidentale ma è aperto al
contatto con altri mondi. Certamente questo elemento potrebbe rappre-
sentare un elemento di mutua comprensione e di unione molto più forte
con altre tradizioni religiose rispetto alla paccottiglia musicale che si
sente nella liturgia e che è, in realtà, fortemente occidentale (vedi
Kurkdjian 2016).

MUSICA SACRA E CULTURA CONTEMPORANEA

Nei capitoli precedenti abbiamo affrontato questioni di grande importanza che riguardano il rapporto fra musica sacra e il tempo in cui viviamo. Ora sarà il caso di affrontare questo tema in modo più specifico. In realtà, il rapporto tra Chiesa cattolica e cultura contemporanea è un tema centrale, attraverso cui si può facilmente leggere la grande crisi di fede in cui siamo immersi.

Intanto, per essere ben sicuri di mettere bene a fuoco la portata dei problemi che stiamo affrontando, dobbiamo ancora una volta fare affidamento sulla saggezza confuciana, come in precedenza, e "rettificare i nomi"; a volte, infatti, le definizioni vengono usate dando per scontato che a tutti sia chiaro l'oggetto del discorso, mentre in realtà accade che insidiosi equivoci si nascondano sotto un'apparente semplicità dell'approccio linguistico.

Per esempio, quando importanti uomini di Chiesa utilizzano il termine "cultura", sembra che si dia per scontato che tutti siano concordi nel significato da attribuire a questa parola: ma è davvero così? Che cos'è la cultura? Se ci si riflette la domanda è molto più complessa di quello che pensiamo[63]. Il termine deriva dal latino *colere*, che significa "coltivare". Esso è imparentato, a *cultus*, cioè culto[64].

---

[63] Ringraziamo i saggisti Vania Russo, Roberto Pecchioli e Giacomo Maria Prati per aver letto una prima stesura di questo paragrafo sul concetto di cultura e per aver contribuito con utili suggerimenti ad un miglioramento del testo.

[64] Occorre prestare attenzione alla traduzione di *cultus* nell'italiano e in altre lingue. Pur essendo la traduzione molto simile al latino in italiano, inglese e francese, il significato cambia significativamente. In italiano la parola "culto" è abbastanza neutra e ha una connotazione solitamente in senso positivo, mentre in inglese (*cult*) e in francese (*culte*) essa può avere un significato positiva ma anche uno negativo, nel senso di "setta". L'*Oxford English Dictionary*, s.v. *cult*, registra infatti al punto 2b: «A relatively small group of people having (esp. religious) beliefs or practices regarded by others as strange or sinister, or as exercising excessive control over members». In italiano il valore negativo appare ad es. nell'espressione «culto della personalità». L'etimologia di *cultura* e *cultus* dal verbo *colo* era ben nota anche agli antichi: cfr MALTBY 1991, p. 164.

Sembra che il primo studioso moderno che abbia fornito una definizione di questo termine sia stato Edward Burnett Tylor (1832-1917), un antropologo inglese. Nella sua opera in due volumi *Primitive culture* (1871) elaborò per primo il concetto moderno di "cultura". Come introduce Tylor questo concetto nel suo libro? Ecco quanto dice: "La cultura o civiltà, intesa nella sua accezione etnografica più ampia, è quell'insieme complesso che comprende la conoscenza, le credenze, l'arte, la morale, il diritto, il costume e ogni altra capacità e abitudine acquisita dall'uomo come membro della società" [65]

Interessante soffermarci sulla puntualizzazione di Tylor sulla cultura come «insieme complesso». Risulta molto difficile parlare di questo termine in modo troppo univoco, come spesso viene fatto quando esso è usato in senso strumentale. A volte si confonde, forse, purtroppo, volutamente, la cultura con le sottoculture, cioè quelle espressioni particolari di alcuni gruppi, per quanto estese, che però non appartengono all'insieme dei fenomeni legati alla collettività in senso più ampio. Per esempio, la sottocultura delle *graphic novel* riguarda molti italiani, ma non tutti. Non è un elemento costitutivo della cultura in senso più ampio del popolo italiano, come lo è la lingua. È inoltre utile riflettere sul fatto che questo sistema, proprio perché complesso, è anche fortemente costitutivo di identità specifiche forti. Essa diviene il segno di una fedeltà che si estende nel tempo e nello spazio. La sua complessità deriva anche da elaborazioni culturali che sono fortemente identitarie e che oggi possiamo vedere minacciate dai grandi media con semplificazioni e con manipolazioni delle parole e della storia che danno vita a fenomeni perversi come quello della *cancel culture* e dell'ideologia *woke*.

Sarà necessario parlare di "cultura" o di "culture"? In questo senso è molto pericoloso che da parte degli uomini di Chiesa, che devono avere uno sguardo cattolico, cioè universale, si parli di "cultura" come se fosse un fenomeno singolo, in quanto è ovvio che essi dovrebbero rivolgersi

---

[65] «Culture or civilization, taken in its wide etnographic sense, is that complex whole which include knowledge, belief, art, morals, law, custom, and any other capabilities and habits acquired by man as a member of society.»

alle "culture". Ma anche qui bisogna a fare attenzione a non relativizzare tutto come se ogni cultura dovesse essere accettata, da un punto di vista cattolico, acriticamente. Questo non è un atteggiamento positivo. Come in altri campi, anche in questo caso le raccomandazioni del Concilio Vaticano II in merito al dialogo con le varie culture del mondo sono state interpretate male, trasformando il dialogo con le culture in una semplice accettazione delle loro categorie. Per quanto riguarda in specie il rapporto tra culture, liturgia e musica, ha scritto pagine importanti Joseph Ratzinger nel suo *Spirito della liturgia* (RATZINGER 2001, 196 sgg).

Ci si chiede: a quale cultura deve far riferimento la Chiesa cattolica? La risposta è, a ben vedere, molto semplice: alla sua propria cultura; l'inculturazione si realizza primariamente nello «sviluppo di una cultura cristiana nelle sue diverse dimensioni» (RATZINGER 2001, p. 197). Un tempo la Chiesa era promotrice di una cultura propria che si incarnava in una teologia cattolica, in un pensiero cattolico, in un'arte cattolica, in una musica cattolica, in una visione cattolica del mondo. Avendo perso questo "sguardo cattolico" sulle cose, e avendo quindi smarrito una cultura che si possa chiamare "cattolica", si è cominciato a inseguire le tendenze culturali del momento senza il necessario sguardo critico e senza la capacità di discernere quello che è buono da quello che non lo è. Questo è stato un fallimento con conseguenze catastrofiche. L'arretramento della Chiesa sul campo culturale, quale che sia il significato che si intende dare a questa parola, è stato una tragedia di cui proprio oggi vediamo le conseguenze: non si tratta del rifiuto della cultura contemporanea, su cui parleremo più avanti. La Chiesa è stata sempre contemporanea al suo tempo, avendo la necessaria capacità di vagliare le proposte culturali delle varie epoche, per non permettere a ciò che non era buono di penetrare i sacri recinti. Su questo si può richiamare il pensiero di un importante intellettuale americano, John Senior (1923-1999), che alla fine del secolo scorso, dopo aver impietosamente descritto lo stato della cultura cristiana, e cattolica in particolare, come uno stato di profondo declino ("death of the Christian culture"), ha visto lucidamente la possibilità di una sua ripresa nel segno di un serio progetto educativo (SENIOR 1978; SENIOR 2008): analogamente, ancora Ratzinger osservava che la cultura «è soprattutto educazione, intendendo questa parola nel suo senso più profondo come apertura interiore dell'uomo alle sue possibilità, in cui egli può sviluppare anche le sue potenzialità esteriori conformemente alle sue doti» (RATZINGER 2001, p. 197). Come ha mostrato Enrico Berti (1935-2022), uno dei più fini studiosi del mondo antico e del Cristianesimo, il discorso di San Paolo agli Ateniesi deve essere interpretato come il primo momento di rapporto interculturale, in questo caso tra la tradizione biblica e quella classica (BERTI 2020, pp. 100–118). Ma questo non ha significato che il nascente Cristianesimo abbia annullato la tradizione biblica di fronte a quella classica, ma, al contrario, che si è innervato dell'apporto positivo di questa seconda tradizione, senza affatto rinnegare le proprie radici bibliche.

In effetti, oltre al problema con l'uso del sostantivo "cultura", un altro problema è relativo all'uso dell'aggettivo "contemporanea". Il significato di questa parola sembrerebbe molto scontato: si riferisce alle caratteristiche del tempo nel quale vive la persona che parla: il nostro tempo, dunque. Un'immagine frequente interpreta conservatori e cosiddetti "tradizionalisti" come persone che disprezzano il loro tempo: forse alcuni aderenti a questi indirizzi culturali si possono descrivere in questo modo, ma non si tratta certamente di un atteggiamento costruttivo. Chi è veramente ben formato non disprezza il proprio tempo, ma cerca di giudicarlo con quello "sguardo cattolico" di cui parlavamo sopra, quello sguardo sacrale di cui parlava il grande pensatore brasiliano Plinio Corrêa de Oliveira (1908-1995), che permette di non subire passivamente le strutture intellettuali della cultura del momento (le "cose del mondo"), ma, se necessario, conferisce la forza e la chiarezza per intervenire allo scopo di modificarle in una direzione migliore. Oggi invece noi siamo schiavi di un atteggiamento di fondo che è implicitamente e copertamente di derivazione hegeliana (quasi sempre attraverso la mediazione marxista e, in Italia, gramsciana) e insieme evoluzionista, per cui ciò che è più recente deve essere necessariamente migliore di ciò che l'ha preceduto: il "nuovo" deve essere esaltato in quanto tale, senza alcun filtro critico.

Le conseguenze di queste strutture intellettuali implicite (ossia, appunto, di questo tipo di "cultura") per quanto riguarda la musica sacra sono piuttosto evidenti. Un atteggiamento di tipo "presentista" considera sensate solo le scelte radicate nel presente e (almeno dichiaratamente) aperte al futuro; il passato è da rifiutare e sostanzialmente da ignorare. Nel campo della musica sacra, questo atteggiamento conduce necessariamente alla rimozione del patrimonio storico della musica sacra: solo una musica prodotta nella contemporaneità sarebbe infatti in grado di esprimere le necessità del partecipante alla liturgia del tempo presente. Questo atteggiamento altro non è se non un'applicazione della "cancel culture" che domina esplicitamente in questi anni, ma che di fatto si è instillata nella cultura europea e americana dagli anni '60 del Novecento.

Ma, nel campo della musica sacra, si pone in modo evidente anche un problema qualitativo: quale tipo di "nuovo" viene proposto, quando si parla della musica sacra? Non è il nuovo della musica colta contemporanea (e anche su questo ci sarebbe certamente da discutere) ma il linguaggio della musica commerciale, una musica linguisticamente di solito povera e il cui orizzonte antropologico è certamente lontanissimo dalla visione dell'uomo dell'insegnamento cattolico. Bisogna naturalmente precisare che nella musica commerciale, nel genere della canzone, non tutto è di bassa qualità: ci sono esempi di canzoni composte veramente molto bene. Ma, purtroppo, il tipo di linguaggio che viene adottato per la produzione di musiche per la liturgia non corrisponde ai livelli compositivi più alti della musica commerciale (che sarebbe comunque non adatta alla liturgia) ma corrisponde al commerciale dozzinale, quel tipo di produzione musicale realizzata per attrarre i bassi istinti delle persone che essendo musicalmente ineducate cadono spesso nella trappola senza sapere come difendersi. Che bene può fare una tale musica all'elevazione delle nostre anime a Dio? Ma, soprattutto, con quale coraggio si può pensare che questa musica sia veramente degna della maestà del Creatore, Signore del cielo e della terra? Questa constatazione riporta ancora una volta al centro di tutto il problema, lucidamente descritto in tante sue opere da Joseph Ratzinger: la crisi della musica sacra è radicata nella crisi della liturgia, e la crisi della liturgia è la manifestazione di una crisi della fede cattolica. Se credessimo veramente, se veramente pensassimo che nella musica sacra parliamo con l'Onnipotente, non oseremmo mai proporre per il culto divino le banalità di questi repertori. Se dobbiamo fare una festa di compleanno ci affidiamo ad un esperto DJ che sappia bene quale musica è più adatta per i nostri gusti: valorizziamo, quindi, una forma di professionalità. Nel campo della musica liturgica ormai ci si affida a incompetenti, le cui capacità a volte si limitano ad essere capaci di grattare sulla chitarra un semplice giro armonico. Con quale coraggio ci presentiamo di fronte alla maestà di Dio in questo modo? Come possiamo non sentirci preda della vergogna? Alle volte si sente dire che ciascuno fa quel che può, come nel racconto dell'obolo della vedova (Vangelo di Marco 12, 41-44; Luca 21, 1-4), che offriva poco denaro perché ne aveva poco; ma questa donna dava tutto quel che aveva, a differenza dei ricchi che, pur offrendo una somma ben maggiore, non sacrificavano in realtà se non una parte infima della propria ricchezza. Se la povera vedova fosse stata più ricca, quel poco non sarebbe stato più degno di lode. Si può pensare che un'offerta a Dio così misera e sciatta, quale quella della produzione canzonettistica per la liturgia, sia come l'obolo della vedova? Certamente no. La presenza di seri professionisti della musica, che sarebbero disposti a lavorare per la Chiesa, l'educazione musicale diffusa in molti paesi occidentali, la disponibilità anche economica molto migliore rispetto a quella dei secoli passati, rendono questa banale sciatteria che si ascolta nelle chiese semplicemente inaccettabile. Non è questa l'offerta della vedova, ma è quella del ricco che non vuole dare nulla. Uomini di Chiesa, potete ingannare forse voi stessi e convincervi di essere con la coscienza a posto, ma in nessun modo sarete capaci di ingannare Dio.

Ritornando sul tema del giovanilismo affrontato nel cap. 4, occorre qui rilevare che spesso si presentano le scelte musicali su descritte come funzionali all'attrarre appunto i giovani. Pur volendo attirare i giovani in chiesa in questo modo falso e ingannevole, essi comunque non sembrano affollare le nostre parrocchie. Sempre più disinteresse esiste verso la religione e questi mezzi non hanno certo contribuito a rovesciare il trend. Avvenimenti come il pellegrinaggio di Chartres, che in questo 2023 ha visto la partecipazione di 16.000 persone, mostrano invece una presenza giovanile più che robusta: sempre più giovani si avvicinano alle forme della liturgia e della devozione tradizionali e apprezzano il canto gregoriano e la musica sacra di alto livello. E invece di essere apprezzati come dovrebbero, ecco che gli uomini di Chiesa si spaventano e li chiamano "rigidi, indietristi, squinternati". Purtroppo il rifiuto della realtà, dunque un tipo di ideologismo, sembra dominare le reazioni verso questi indubbi dati di fatto: basti pensare al successo dei seminari di tipo tradizionale, che contrasta con il triste svuotamento generale dei seminari. Certo, è ovvio che non si vuole ammettere quello che è stato un fallimento colossale della strategia pastorale degli ultimi decenni.

Come si è già accennato, esiste poi il problematico rapporto fra la musica sacra e i musicisti della musica colta contemporanea. Purtroppo la musica contemporanea colta nel secolo passato si è drammaticamente distaccata dal pubblico in senso più ampio, divenendo a volte un mero esercizio intellettuale. Ha in un certo senso smesso di essere "comunicazione" per divenire quasi un solipsismo per pochi auto-eletti. Naturalmente questo non vale per tutta la musica colta del secolo passato: anche in esso ci sono esempi di ottimi musicisti, a volte geniali, che hanno continuato la loro missione di comunicare qualcosa di grande e profondo attraverso la loro musica, pur utilizzando un linguaggio musicale che non riproduceva quello dei secoli precedenti. Ciò che si vuole qui stigmatizzare non è affatto la possibilità di progredire nell'uso del linguaggio musicale, ma sottolineare come esso abbia non di rado perduto la sua capacità comunicativa, diventando un mero esercizio intellettuale, quasi una gnosi per pochi che si ritengono in grado di capire. Questa drammatica divisione fra il pubblico e la musica colta ha causato di conseguenza anche un certo disagio nel mondo della musica sacra: se è vero, infatti, che essa ha caratteristiche proprie, come si è ripetutamente sottolineato, essa non può certo rimanere indifferente rispetto alla situazione linguistica complessiva del mondo della musica. La formazione dei musicisti di Chiesa comprende infatti anche la conoscenza approfondita dei repertori non sacri, sia per quello che riguarda la tradizione musicale sia per quanto riguarda la contemporaneità. Ci sono, e ci sono stati nel recente passato musicisti che, pur nella crisi del linguaggio musicale, hanno comunque identificato una propria via, sia nel campo profano che in quello sacro, riuscendo a mantenere una normale comunicazione con un normale pubblico, non con un piccolo gruppo di "iniziati".

Tuttavia il problema della musica contemporanea di tipo "colto" è profondo, ed è appunto quello della capacità di parlare ad un pubblico normale con una produzione musicale di alto livello. Poco più di un secolo fa le novità della musica operistica (la musica colta contemporanea di allora) ottenevano spesso decine di repliche prima di entrare nel repertorio: c'era, quindi, una comunicazione tra l'arte contemporanea di alto livello e i normali ascoltatori. La direzione presa dai linguaggi musicali del Novecento ha allontanato il compositore dal pubblico ordinario, anche di buon livello culturale, e il risultato è stato anche uno "scollamento" del linguaggio della musica commerciale, che ha visto una caduta di livello dovuta anche al disancoramento rispetto alla musica "colta". La musica commerciale ad es. di fine Ottocento o inizio Novecento adoperava sostanzialmente lo stesso linguaggio della musica colta, pur reso più semplice e immediato: una canzone non era linguisticamente diversa da un'aria d'opera, ed esisteva una continuità linguistica nella componente musicale della musica di consumo, così come i testi non erano linguisticamente diversi dai testi della poesia del tempo. Il ritrarsi della musica colta in una sorta di nicchia irraggiungibile dalla percezione normale l'ha isolata, e ha lasciato la musica di consumo in mano a persone molto spesso prive di cultura musicale, conducendo a una crisi profonda. Nel campo della musica sacra e liturgica, il risultato che si è ottenuto è il dominio del musicista "improvvisato", privo di reale educazione. Non parliamo di "dilettanti": si ha una certa ritrosia ad usare il termine "dilettanti", perché, se "dilettante" presenta un'accezione negativa, esiste anche un senso positivo di questa parola, direi quasi nobile. Basti pensare a grandi maestri del passato quali Tommaso Albinoni, autodefinitosi "dilettante veneto", o Aleksandr Borodin, chimico di professione, che alla musica dedicava il tempo libero: ma ambedue erano musicisti dotati di solida preparazione e cultura musicale. Non si tratta oggi di questo tipo di "dilettanti", ma di coloro che, non avendo una preparazione musicale adeguata, sono buttati allo sbaraglio nelle varie comunità cristiane per svolgere un compito per il quale non sono preparati. La crisi della musica sacra ha dunque radici anche nella crisi della musica colta nel senso più generale: purtroppo la deriva dei repertori destinati alla liturgia in una direzione di banale sciatteria non è che una conseguenza di tutto questo, unita alla situazione culturale complessiva della quale si è discusso poc'anzi. Ci sono poi situazioni particolari. Per esempio, specialmente nel mondo americano si è perpetrato un equivoco riguardo la contemporaneità. Chiamano *contemporary choir* i gruppi che cantano musica pop con testi di tipo religioso (non sempre liturgico), legando, con mentalità sfacciatamente capitalista, il concetto di "contemporaneo" al commerciale. Questo è gravemente offensivo verso la contemporaneità, il cui orizzonte viene ristretto alla dimensione di "consumatore" e di "essere consumato". Un altro aspetto, sia pure particolare, della fallimentare strategia adottata negli ultimi decenni.

Si è già detto che tutto quanto si va osservando non intende certamente denigrare la contemporaneità in senso assoluto. Anzi essa, con i suoi progressi in campo tecnologico e scientifico, offre sicuramente molte nuove opportunità a chi vuole dedicarsi con serietà alla nobile professione del musicista di Chiesa. Oggi è veramente possibile accedere ad una quantità di documentazione che appare illimitata: grazie a una moltitudine di siti web ad accesso spesso del tutto libero un musicista di Chiesa ha oggi a disposizione un numero enorme di video, audio, spartiti, libri che si possono liberamente ascoltare, leggere, studiare. Il musicista può ascoltare a volontà i migliori cori, i migliori organisti, i più grandi compositori, e questo offre possibilità di formazione che sono senza precedenti. Naturalmente, la possibilità di documentazione non significa di per sé aumento di cultura e più solido orientamento: perché queste possibilità possano essere utilizzate in modo fecondo occorre avere una chiara guida e direzione, che permetta di fare tesoro delle cose belle avendo sempre come riferimento la tradizione. Quello che probabilmente manca a molte persone è la capacità di discernimento che le aiuti a orientarsi in queste immense possibilità di informazione che si hanno a disposizione. Purtroppo la Chiesa non ha saputo fare tesoro di queste possibilità senza precedenti, pensando che inseguendo le mode fatue si sarebbe resa più accettabile al mondo. Ma è proprio qui il problema: la Chiesa non dovrebbe aspirare ad essere accettata dal mondo, ma il suo scopo dovrebbe essere quello di costituire il "sale della terra". Nel capitolo 5 del Vangelo di Matteo leggiamo:

"Voi siete il sale della terra; ma se il sale perdesse il sapore, con che cosa lo si potrà render salato? A null'altro serve che ad essere gettato via e calpestato dagli uomini. Voi siete la luce del mondo; non può restare nascosta una città collocata sopra un monte, né si accende una lucerna per metterla sotto il moggio, ma sopra il lucerniere perché faccia luce a tutti quelli che sono nella casa. Così risplenda la vostra luce davanti agli uomini, perché vedano le vostre opere buone e rendano gloria al vostro Padre che è nei cieli".

Ma queste parole possono ancora essere applicate alla Chiesa e alla sua funzione nel mondo? Oggi la Chiesa sembra divenuta per molti il cappellano dei poteri dominanti, rinunciando a quanto è più essenziale alla sua missione. Abbiamo già parlato del problema dell'educazione cattolica. Un tempo questo aspetto era al centro dell'azione pastorale della Chiesa: oggi che cosa è rimasto di tutto questo? Molto poco, sembra di poter concludere, nonostante le parole di grandi educatori come il citato John Senior o, in Italia, la tradizione di San Giovanni Bosco e più recentemente di Luigi Giussani. Se non si investe in una cultura autenticamente cattolica, che fornisca prima di tutto un solido quadro antropologico di riferimento, è ovvio che la musica sacra, come tutta l'arte, non possa essere quello che dovrebbe essere. Non è sorprendente che la situazione sia quella che oggi viviamo, anzi sarebbe strano il contrario: quel rifiuto ideologico della realtà al quale si faceva su cenno non rende possibile a molti uomini di Chiesa comprendere la gravità epocale della situazione, nella quale la musica sacra è in un certo senso un "segnale" di un naufragio complessivo. Siamo veramente in una situazione di crisi epocale, una situazione della quale, vista con uno sguardo solo umano, non è facile prevedere la fine, come sottolineato da numerosi intellettuali cattolici laici, quali ad esempio Josef Seifert. Ci vorrebbe, verrebbe da dire, una cattolica "rivoluzione culturale" prendendo la parola "rivoluzione" nel senso di *revolvere,* cioè di ritornare. Ci vorrebbero uomini di Chiesa che abbiano la capacità di riconoscere la realtà: il coraggio di dire che si è andati in una direzione che non ha portato nulla di buono, che ci si è allontanati da quello che è bello, buono e vero.

Il "sale della terra", si diceva: ora certamente sarebbe importante comprendere come la Chiesa cattolica, nella condizione attuale, possa ancora essere appunto "sale della terra", visto che sembra divenuta per molti aspetti ininfluente. Questa è una domanda lecita, anzi diremmo è "la domanda" su cui si giocano i temi più importanti della presenza cattolica nel mondo. Fuga dei fedeli dalle chiese, tendenziale azzeramento delle vocazioni, presenza pubblica che ha scarso peso perché ha scarsa identità, timorosa passività verso le ideologie anticristiane: se si avesse un poco di senso della realtà, bisognerebbe recuperare il senso forte di una forte identità cattolica, che non può che essere basata sulla grande tradizione della Chiesa, inclusa quella liturgica e musicale. Non si tratta di "ritornare indietro", ma di domandarsi: la Chiesa ha qualche cosa da dire al mondo? Oppure deve limitarsi a ripetere i "mantra" culturali alla moda? In questo caso non ha senso la sua esistenza; ma siccome sappiamo per fede che *portae Inferi non praevalebunt* se ne deduce che la vera natura della Chiesa non potrà mai svaporare del tutto. Come intuito da Ratzinger in una celebre conferenza del 1969, ripresa poi quasi trent'anni dopo nell'intervista con Peter Seewald che venne pubblicata con il titolo *Il sale della terra* (RATZINGER 1997), una ripresa di identità da parte della Chiesa dovrà prevedere una chiesa coscientemente "di minoranza", il "piccolo gregge" del Vangelo. La sciatteria della liturgia e della musica sacra di oggi sono il risultato artistico della perdita di identità del mondo cattolico.

Riflettere su questi problemi, come già detto, non vuol dire affatto chiudere gli occhi di fronte alla cultura contemporanea: si può prendere quello che è buono ed integrarlo nella grande tradizione della Chiesa, come si era sempre fatto. Ci si è sopra riferiti allo studio di Enrico Berti sul discorso di Paolo ad Atene (pag. 3); e lo stesso San Paolo, nel quinto capitolo della prima lettera ai Tessalonicesi (19-21), diceva saggiamente: "Non spegnete lo Spirito, non disprezzate le profezie; esaminate ogni cosa, tenete ciò che è buono" (*omnia autem probate: quod bonum est tenete*, πάντα δὲ δοκιμάζετε, τὸ καλὸν κατέχετε). Grandi scrittori della Patristica, da Giustino (II secolo) a Basilio di Cesarea (IV secolo) hanno sostenuto la necessità di un dialogo con la cultura pagana, ancora una volta non per appiattirsi su di essa, ma per integrare nel Cristianesimo gli aspetti positivi dell'antica cultura greca e romana.

La Chiesa non è mai stata contro l'innovazione, anche nella musica sacra. Anzi, essa per molti secoli ha guidato gli sviluppi linguistici e musicali, e abbiamo per questo avuto la nostra grande tradizione della musica occidentale. Non dobbiamo aver paura del nuovo, dobbiamo aver paura del vuoto, quello che osserviamo in tante chiese in cui si è perso il senso di quello che si sta facendo. Ancora oggi si può scrivere degna musica sacra che basandosi sulla tradizione non rifiuti quello che la modernità offre di buono. Proprio oggi va molto di moda la cosiddetta "contaminazione": pensiamo a quanto possano fare musicisti ben preparati nella musica e nella liturgia integrando alcune nuove possibilità nell'armonia e nel contrappunto, o anche alcune inflessioni linguistiche che provengono da tradizioni culturali diverse. Queste si possono usare quando si conosce bene il proprio mestiere e non si rischia di profanare il sacro. Ecco perché al musicista di Chiesa dovrebbe essere richiesto di conoscere più e meglio il proprio mestiere, ecco perché aver praticamente quasi distrutto il professionismo nel campo della musica sacra è una tragedia che non poteva che produrre i miseri risultati che chiunque può purtroppo constatare.

MUSICA SACRA E MUSICA COMMERCIALE

Nel trattare di musica sacra e cultura contemporanea abbiamo toccato anche il tema del rapporto fra la musica sacra e la musica commerciale. Qui credo sia importante approfondire questo argomento perché nella mente di molti si crea una notevole confusione, le cui ragioni vanno opportunamente chiarite.

Innanzitutto alcuni utilizzano un argomento dalla storia: se i compositori del Rinascimento usavano temi profani per le loro Messe, perché non è possibile farlo oggi? Sembra un argomento molto solido, ma in realtà non lo è, poiché non regge a un esame storico anche minimo. Durante il Rinascimento, e anche precedentemente, il linguaggio musicale era fondamentalmente unitario: i compositori di musica profana erano gli stessi che per la musica sacra e il linguaggio musicale era sostanzialmente il medesimo. Inoltre, essendo la musica profana, anche licenziosa, profondamente influenzata dalla musica sacra, non si avvertiva nel linguaggio musicale lo scarto enorme che invece si avverte fra la musica profana di oggi e la vera musica sacra. Basterà esaminare ad esempio la musica di grandi autori come Guillaume Dufay o Josquin des Prez per rendersi conto della essenziale condivisione di un unico linguaggio, di una grammatica musicale unificante, tra repertorio profano e repertorio sacro.

C'è poi, più o meno sulla stessa lunghezza d'onda, l'argomento di coloro che citano il salmo 150. Eccolo di seguito[66]:

---

[66] Un dettaglio a proposito della traduzione. Molto spesso si traduce il greco ἐν κυμβάλοις (*en kýmbalois*, latino *in cymbalis*) con «cembali» (così ancora la traduzione cosiddetta "interconfessionale" e quella CEI del 1974, mentre la revisione del 2008 ha corretto l'errore): evidentemente si tratta di «cimbali», cioè di piccoli strumenti a percussione generalmente realizzati in bronzo. La stessa osservazione vale ovviamente per gli altri passi scritturali in cui si adopera questa parola. La parola greca *kýmbalon* traduce a sua volta diversi nomi di strumenti ebraici: si veda l'accurata analisi di K.L. Schmidt nel *Grande Lessico del Nuovo Testamento* (SCHMIDT 1969). La traduzione qui riportata è quella della CEI 2008.

Alleluia.
Lodate Dio nel suo santuario,
lodatelo nel suo maestoso firmamento.
Lodatelo per le sue imprese,
lodatelo per la sua immensa grandezza.
Lodatelo con il suono del corno,
lodatelo con l'arpa e la cetra.
Lodatelo con tamburelli e danze,
lodatelo sulle corde e con i flauti.
Lodatelo con cimbali sonori,
lodatelo con cimbali squillanti.
Ogni vivente dia lode al Signore.
Alleluia.

Anche qui si afferma che il Salmo fa riferimento all'uso di molti strumenti per lodare il Signore: perché quindi non utilizzare, nella musica sacra, strumenti quali la batteria e la chitarra? Perché al tempo della redazione del Salterio questi strumenti erano associati con il culto a Dio: non avevano quindi una risonanza profana. In *2Cronache* 5, 12-13 viene detto:

"e tutti i Leviti cantori, Asaf, Eman, Iedutun, i loro figli e i loro fratelli, vestiti di bisso, con cimbali, saltèri e cetre stavano in piedi a oriente dell'altare, e con loro centoventi sacerdoti che suonavano la tromba - mentre, dico, quelli che suonavano la tromba e quelli che cantavano, come un sol uomo, fecero udire all'unisono la voce per lodare e per celebrare il Signore, e alzarono la voce al suono delle trombe, dei cimbali e degli altri strumenti musicali, per lodare il Signore «perch'egli è buono, perché la sua bontà dura in eterno!», avvenne che la casa, la casa del Signore, fu riempita di una nuvola".

Non è ovviamente possibile affermare, invece, che chitarre e batterie presentino una forte associazione con il culto divino. Questo è tanto vero che può essere facilmente dimostrato proprio attraverso una delle attività più profane: il marketing. Quando si deve promuovere un prodotto che ha una qualche associazione con la religione, per rinforzare questa associazione quali generi musicali vengono utilizzati? Non certo i canti con la chitarra che sentiamo in molte nostre chiese, ma l'organo o un coro che esegue musica sacra tradizionale. Lo hanno capito le teste pensanti del marketing, diversamente da non pochi autorevoli componenti della gerarchia ecclesiastica.

Il problema dell'associazione di questi strumenti con la musica profana non è un problema da poco. La musica profana, specie quella di tipo più commerciale, naturalmente punta a sollecitare alcune sensazioni particolari che in alcuni casi possono anche essere di natura nobile, ma spesso sono associate agli istinti più immediati e che garantiscono una presa più veloce su quello che alla fin fine, specie nel caso della musica commerciale, è un consumatore. Spesso i messaggi che vengono veicolati con la musica commerciale sono quelli di una cultura che nulla ha a che fare con l'autentico messaggio cristiano, anzi rappresenta un modello antropologico contrastante con quello cristiano. È impossibile che queste melodie, anche se ricoperte da parole più o meno corrispondenti alle esigenze liturgiche, non mantengano un legame strutturale con quel tipo di valori profani in funzione dei quali sono state originariamente composte e a cui rimangono saldamente associate. Si può cercare di comprendere il problema ipotizzando un'operazione speculare a questa. Se ci capitasse di ascoltare un testo discutibile o moralmente inaccettabile collocato sopra una melodia tratta dal repertorio del canto gregoriano, non potremo non constatare una sorta di corto circuito: il testo, infatti, orienta l'ascoltatore in una direzione, mentre la melodia, per quelle associazioni che come abbiamo visto vengono ben sfruttate dagli esperti del marketing, punta in una direzione contraria. Lo stesso accade quando si adatta una musica inadeguata a un testo liturgico anche di per se stesso accettabile: si verifica un contrasto evidente che non solo non aiuta in direzione di una vera e autentica preghiera liturgica, ma anzi induce uno stato di grande confusione. Del resto che la musica e altri mezzi di comunicazione siano stati un'importante mezzo di perversione morale ce lo dice bene uno studioso attento come l'apologeta Corrado Gnerre:

> *"Per quanto riguarda quest'ultimo campo [quello della comunicazione], basti pensare alle espressioni musicali e al cinema divenute importanti veicoli di perversione morale. Il modo di agire e soprattutto di pensare ha subìto variazioni (è indubbio!) a causa soprattutto dei nuovi mezzi di comunicazione che sono diventati casse di risonanza della rivoluzione culturale"* (GNERRE 2013).

Quello stesso stile di musica che è stata usato per la perversione morale oggi viene usato nelle nostre chiese come nulla fosse. In Italia è ben noto un importante evento per il mondo della canzone commerciale, l'annuale "Festival della canzone italiana", o "Festival di Sanremo" (dalla città in cui si tiene). Questo è un appuntamento che raggiunge da decenni un grande successo televisivo e viene commentato per molte settimane in tutta la stampa nazionale. A osservatori attenti, non sfugge come oramai le canzoni presentate in questo Festival (il cui livello musicale continua a decrescere regolarmente) siano veicoli per inculcare sempre più nella cultura tutte le teorie che sono care alla cultura dominante, come quelle del gender, della cultura *woke*, del *politically correct, cancel culture* e via dicendo. La fluidità sessuale non solo viene accettata, ma anzi viene quasi promossa attraverso questo tipo di manifestazioni.

Se è pur vero che ci sono state nobili manifestazioni nel campo della musica commerciale, essa è divenuta sempre di più il potente mezzo di amplificazione delle tendenze imposte da una cultura anticristiana e contro l'ordine naturale imposto da Dio. Non è sensato pensare che il genere di musica che promuove questi valori possa anche aiutare a pregare: e inoltre, come si è rilevato nel capitolo precedente, adoperare questa musica come strumento promozionale al fine di raggiungere le giovani generazioni si è risolto in un completo fallimento.

Sembra che non poche correnti attive nella Chiesa cattolica agiscano come ripetitrici delle tendenze della cultura dominante. Non si tratta, naturalmente, di ignorare queste manifestazioni culturali: esse vanno certamente studiate anche per mettere in guardia dai possibili rischi. Purtroppo però assistiamo da parte di alcuni prelati a fenomeni di acquiescenza verso questa cultura, quasi di ammirazione. Un esempio significativo è costituito dalla "pop theology". Una semplice documentazione online mostra che la *pop theology* si identifica con l'incontro tra religione a "cultura pop". Come definire la cosiddetta "cultura pop"? Per grande parte, è una cultura imposta dalle multinazionali il cui unico scopo è diventare sempre più ricche, usando tutti i mezzi a disposizione, compresi quelli della persuasione occulta tramite il marketing. In Italia un rappresentante eminente di questa corrente teologica è mons. Antonio Staglianò, che ha dedicato vari libri a questo argomento. In *Pop Theology per i giovani. Autocritica del cattolicesimo convenzionale per un cattolicesimo umano* (2018), con prefazione di padre Antonio Spadaro, Mons. Staglianò presenta una sintesi molto chiara della tendenza di questo tipo di pensiero. Nella presentazione del libro leggiamo:

"L'uomo si sta lentamente riducendo a consumo, merce, numero, massa. Eppure, gli esseri umani sono straordinari, fantasiosi, creativi, con grande successo nel campo della tecnologia. Sul terreno dell'amore, però, appaiono carenti, delusi e frustrati. Fatti per amare (Nek), proprio l'amore, non riesce. Perché? La risposta si trova nell'ultima canzone di Renato Zero Gesù: "Gesù non ti somigliamo più". Quando l'umanità si allontana dall'umanità di Gesù, "la terra in ginocchio sta, soli più soli di sempre". Nelle attuali condizioni di paura dell'umanità odierna, colpita dalla barbarie del terrorismo internazionale mascherato di religione fondamentalista, è necessario presentare ai giovani "con intelligenza e umiltà" il modello umano di Gesù, la sua umanità ricca di amore e di pace, di tolleranza e di dedizione, di fiducia e di rilancio delle energie positive, belle e buone, di ogni essere umano. La Pop-Theology, in quanto, "teologia popolare" s'incarica di pensare criticamente il "cattolicesimo convenzionale", svecchiando la predicazione cristiana, affinché la fede non rischi di diventare solo una maschera religiosa senza riferimento al Dio di Gesù e alla sua "umanità".

È Teologia "pop", "carità intellettuale", sapendo che i giovani di oggi si esprimono con un loro particolare linguaggio, quello della musica.

Si tratta di un approccio certamente fondato su una lodevole intenzione, quella, cioè, di raggiungere la generazione nata alla fine del Novecento o all'inizio degli anni Duemila; ma non si può fare a meno di constatare un'ingenuità di fondo, basata sull'implicita convinzione che quello che viene qui chiamato il "linguaggio dei giovani" possa essere adottato in modo indifferente, come se il linguaggio non fosse di per se stesso intrinsecamente manifestazione di un modo di vedere il mondo. E non si pensi che si tratti di qualcosa che può essere ignorata con superficiale indifferenza, perché mons. Antonio Staglianò gode di altissima stima, al punto che papa Francesco lo ha nominato nel 2022 Presidente della Pontificia Accademia di Teologia, un incarico di grande livello e responsabilità. Lo stesso autore è ritornato su questi temi, in particolare sull'uso della musica di consumo, in un volume del 2020, intitolato *Sulle note di Dio* (STAGLIANÒ 2020).

La presentazione che abbiamo appena letto ci offre lo strumento per comprendere come molto pensiero teologico contemporaneo si caratterizzi per un'ambiguità di fondo, peraltro non difficile da individuare. Da una parte si denuncia come l'uomo sia ridotto a merce, consumo, numero e via dicendo. Dall'altra si pretende di usare strumenti linguistici e musicali che favoriscono questo processo e ne sono parte costitutiva, come la musica commerciale, veicolo di valori e idee anticristiane. L'equivoco è fomentato dall'equiparare *pop theology* e teologia "popolare": non si capisce bene cosa si intende per teologia "popolare", in quanto il popolo vero e autentico non si interessa di ricerca teologica: vive la fede, non teorizza; vive la fede in modo a volte bello e autentico, a volte contaminato da idee del tutto distorte. Pensiamo all'esempio dei cristiani giapponesi che durante le persecuzioni verso la religione cattolica rimasero addirittura per alcuni secoli senza preti: molti di loro hanno fornito esempi straordinari di eroismo cristiano e vanno ammirati senza riserve. Ma si sa anche che altri, pur rimanendo legati alla religione, cominciarono ad introdurvi elementi del tutto estranei ad essa: ciò rappresenta un caso che mostra come sia molto problematico parlare di "teologia popolare". Se poi questa teologia è il frutto di strumenti culturali che sono una sorta di emanazione di logiche puramente commerciali e consumistiche, come si può sostenere la pretesa di criticare la riduzione dell'uomo a consumatore?

Torniamo all'ottica del discorso musicale. In questo ambito quando si parla di "canto popolare" si intende un tipo di musica che sgorgava direttamente e spontaneamente dal popolo, che si identificava in una identità e in una tradizione, soprattutto nell'ambito delle civiltà contadine, che hanno prodotto una messe di canti religiosi spesso di grande bellezza. Il tipo di musica che interessa questo tipo di approccio teologico non presenta certo queste caratteristiche. Si tratta di frutti dell'elaborazione di competenti professionisti ed esperti del marketing che vengono pagati per produrre musica che venda il più possibile (l'autentico canto popolare certamente era estraneo a una logica commerciale, appartenendo a un tipo diverso di organizzazione sociale) usando tutti i mezzi possibili.

Varrà il caso di riferirsi ancora ad alcuni punti discussi nei capitoli precedenti, ma che dovrebbero risultare ancora più chiari dopo l'esame qui sopra proposto:

1. la concentrazione delle preoccupazioni teologiche e pastorali contro il cosiddetto "cattolicesimo convenzionale", inteso come un cattolicesimo tradizionale, non sembra che abbia ottenuto risultati apprezzabili: i praticanti cattolici sono estremamente ridotti, le vocazioni scarsissime, l'autorevolezza della Chiesa come portatrice di una visione propria molto indebolita.

2. il "giovanilismo" non ha ottenuto alcun effetto. Ciò che più impressiona chi lavora in campo educativo, dalla scuola all'università, non è la constatazione di un'ostilità verso la Chiesa, quanto piuttosto di una totale estraneità. La ricerca di un "linguaggio giovanile", pur originatasi da buone intenzioni, si è rivelata come un atteggiamento sostanzialmente ingenuo: questo preteso "linguaggio" è infatti in realtà il risultato di costruzioni culturali–commerciali molto efficaci; come qualunque linguaggio,

non può essere uno strumento neutro, ma è necessariamente organico a una visione del mondo;

3. da un punto di vista interno alla musica, non si intende criticare in modo superficiale il genere musicale–letterario della "canzone". Si è ben consapevoli che anche in questo genere esistono esempi di notevole fattura artistica. Ma anche in questo caso questi prodotti obbediscono comunque a logiche che non sono e non possono essere considerati compossibili con quelle dell'autentica musica sacra. Non è un problema soltanto di qualità, ma anche un problema di opportunità.

Come si è detto in precedenza, il compositore di musica sacra ben preparato saprà certamente come integrare gli stimoli che vengono anche da mondi lontani da quello della musica sacra in un contesto liturgico, senza che questi stimoli "desacralizzino" la musica. Per fare questo è necessaria una profonda conoscenza della musica sacra, una conoscenza della sua tecnica, storia e tradizione che si ottiene in anni e anni di studio. Purtroppo si è tolta in molti luoghi la possibilità di avere musicisti professionali che dedichino la propria vita alla musica sacra, e si è quindi impedita la crescita della stessa. Tutto ciò è stato catastrofico per la musica e per la liturgia.

Si deve pensare che le persone di questa nostra epoca non siano capaci di apprezzare la bellezza e la solennità tradizionali preferendo una prospettiva vicina a quella della musica commerciale? Se anche fosse vero (e non lo è), sarebbe comunque dovere della Chiesa educare le persone al vero senso della liturgia e del ruolo in essa della musica sacra. Abbiamo già detto come il venire meno di questa funzione educativa abbia portato a conseguenze gravissime. Si tratta di quella "via della bellezza" sulla quale intervenne molte volte il già citato pensatore anglicano Roger Scruton: ma al momento anche all'interno del mondo cattolico si tratta di una prospettiva della quale è difficile intravvedere un orizzonte temporale, in quanto la Chiesa dovrebbe educare prima di tutto il proprio clero, che in larga parte è ormai assuefatto a una liturgia e una musica deformati dalla sciatteria di una mentalità mondana e profanante. Esiste, nascosto nel profondo della sensibilità veramente popolare, un'aspirazione a qualcosa che in qualche modo superi la banalità e l'usura della quotidianità consumista. Si è citato, nel capitolo precedente, l'enorme successo a livello soprattutto giovanile che riscuote da anni il "pellegrinaggio di Chartres", i cui organizzatori in quest'anno 2023 sono stati costretti a chiudere in anticipo le iscrizioni per eccesso di domande di partecipazione: il pellegrinaggio si è concluso con un Pontificale in rito romano tradizionale, con l'assistenza del vescovo di Chartres: una cerimonia caratterizzata, oltre che dallo splendore del rito, anche da una musica sempre di alta qualità e con grande partecipazione popolare. Ma anche al di fuori del mondo cattolico si avverte questa esigenza di uno spazio che innalzi l'uomo dalla banalità di una vita quotidiana ritmata dal ciclo lavoro – consumo – lavoro. Si pensi all'enorme interesse suscitato il 6 maggio 2023 dalla cerimonia dell'incoronazione di re Carlo III a Londra. Se si osservano le reazioni sui "social media" si può chiaramente percepire l'ammirazione di milioni di persone (tra cui molti cattolici, e certo non tutti tradizionalisti) per la solennità e la bellezza di quella cerimonia e per la musica sacra eseguita in modo esemplare. Molti aspetti di questa cerimonia sono stati criticati sia dal mondo anglicano sia da quello cattolico: si tratta, certamente, di un rito di una confessione cristiana non cattolica, durante il quale il nuovo Re ha ribadito il suo impegno all'interno del mondo protestante. Ma la bellezza anche visiva, oltre che auditiva, dell'intero rito non può non aver colpito l'animo di molti che oramai non trovano più quei linguaggi nelle nostre liturgie.

Una riflessione in margine a questo evento mediatico può rivelare una ricchezza nascosta della tradizione cattolica. Certamente, per quanto riguarda la monarchia britannica, l'accesso a determinati ruoli è condizionato dall'appartenenza alla famiglia reale. Ma per la Chiesa cattolica non è così. Un esempio di rito cattolico celebrato con grande solennità e con musica sacra di grande qualità fu quello del 1958, l'incoronazione di papa Giovanni XXIII. Si parla di questa cerimonia perché tutti la possono ammirare su YouTube, dove è disponibile: ovviamente la qualità del video e dell'audio è quella di più di 60 anni fa, ma si capisce quanto fosse solenne e bello quello che lì si compiva. Troviamo suggestivo immaginare quella cerimonia ripresa con le possibilità di video e audio a disposizione oggi: sarebbe stata veramente paragonabile a quella dell'incoronazione dei Reali inglesi: ma in quel caso il Papa che veniva incoronato non era un appartenente ad una famiglia reale, ma era il figlio di umili contadini. Non si tratta certo di un caso isolato: chi ricorda i Pontificali del cardinale Giuseppe Siri (1906-1989) ha sempre presenti alla memoria la solennità del rito, la bellezza della musica, che era affidata a maestri di alto livello, la maestosa semplicità di quelle liturgie: all'altare saliva un Principe della Chiesa, figlio, però, non di famiglia regale, ma di due umili portinai. John Henry Newman, nel suo romanzo *Loss and Gain* (*Perdita e guadagno*), raccontando in modo indiretto la sua stessa conversione, narra lo stupore ammirato del giovane protagonista anglicano che per la prima volta assiste a un liturgia cattolica, dove tutti svolgono il loro ruolo, dal canto del celebrante, al coro, al canto popolare, all'organista, in semplice naturalezza, come in un grande strumento musicale complessivo. E commenta: «questa è una religione popolare» («this is a popular religion»). Si incontra il vero popolo non abbassando la musica e la liturgia alla banalità del quotidiano, ma innalzando l'animo, oscuramente assetato di bellezza e verità, al di sopra del grigiore del mondo verso la luce, che è bellezza e verità.

AFFRONTARE UN FALLIMENTO

Da quanto risulta nei precedenti capitoli sembra inevitabile concludere che la situazione della musica sacra nella Chiesa cattolica sia tragica. Ora, non bisogna pensare che non esistano isole felici, ma purtroppo esse sono molto poche e a volte si trovano a dover fronteggiare l'ostilità di membri del clero. Naturalmente è veramente triste quando si constata che una parte del clero, che dovrebbe collocarsi all'avanguardia nel sostenere lo sviluppo della vera musica sacra e la dignità della liturgia si rende complice della loro distruzione. Se prescindiamo doverosamente dalle "isole felici", che sono troppo poche, la situazione è pessima. Non bisogna aver paura di dire che questi ultimi decenni di riforme (spesso selvagge) si sono risolti in un complessivo fallimento: e questa constatazione è la condizione necessaria per intravvedere la speranza di una ripresa e di un nuovo inizio. Quanta speranza c'è che la gerarchia cattolica ammetta che le riforme in campo liturgico e musicale, quale che possa essere stata la buona intenzione, sono state un completo disastro? Purtroppo questa speranza è quasi nulla. Anzi osserviamo come si tenti con sempre maggiore pertinacia di imporre la narrativa di un successo postconciliare e si combattano in tutti i modi le varie manifestazioni della tradizione in campo liturgico e musicale. Allora bisogna cadere nella disperazione e abbandonare la barca di Pietro?

Questa è la tentazione per molti, una tentazione che si può anche comprendere, ma non si può giustificare. Se crediamo che la Chiesa cattolica possieda la verità tutta intera, che le viene da Cristo, l'appartenenza ad essa non è negoziabile. La delusione dello sfaldamento dell'identità cattolica può spingere a cercare rifugio in altre fedi: ma stiamo qui parlando dell'eterno destino di ciascuno di noi, non è come cambiare la squadra di calcio per cui si tifa. Nessuna squadra di calcio possiede la verità, ma la vera Chiesa di Cristo la possiede. Non si intende qui negare lo smarrimento che molti provano nella presente situazione di perdita d'identità e di appiattimento sul *mainstream* della cultura dominante: è uno smarrimento che è ben comprensibile, ma abbandonando la Chiesa cattolica non ritroveremo mai la verità tutta intera in nessuna altra confessione. Ancora una volta sarà utile ricorrere alla testimonianza di un grande della Chiesa moderna, John Henry Newman. Da giovane studioso e giovane sacerdote anglicano, Newman era incline a ritenere che Cattolicesimo romano, Ortodossia e Anglicanesimo rappresentassero espressioni diverse di un patrimonio di fede sostanzialmente unitario: ma lo studio dell'Arianesimo del IV secolo lo convinse che solo il Cattolicesimo romano custodiva in modo integrale il patrimonio di fede dei Padri: e anche per questo Newman divenne cattolico (NEWMAN 1833; NEWMAN 1864). La scelta non è dunque tra la Chiesa cattolica e altre confessioni, ma tra il credere e il non credere. Se credi, allora devi andare dove è la verità rivelata da Cristo, e quindi stare nella Chiesa da Lui fondata. Se non credi allora meglio l'ateismo della menzogna. Purtroppo, come detto sopra, per molti questa è una vera sofferenza, un peso con cui devono convivere cercando di trovare la forza di sopportare quello che umanamente appare insopportabile.

Esistono oramai troppe persone, clero incluso, completamente deformate e diseducate dagli ultimi decenni. Quanto esse sono realmente colpevoli? Anche molti di noi, cresciuti nella Chiesa postconciliare, hanno ricevuto un tipo di (de)formazione per cui sembrava giusto che la Messa dovesse essere una specie di party. Poi abbiamo avuto la fortuna (o la sfortuna, se vista in un'altra prospettiva) di aver capito che eravamo stati sviati, che quello che per la gran parte osserviamo nelle nostre Chiese non è in linea con la vera tradizione cattolica. Certo tutto questo crea una sensazione di profondo disagio, fa sentire molti di noi come "sradicati" (PORFIRI e VALLI 2018): ci sembra di essere quasi degli ospiti indesiderati in quella stessa Chiesa che ci ha accolti con il Battesimo. Eppure questo non deve farci perdere il coraggio nel lottare per quanto riteniamo buono e santo, lottare per i diritti di Dio che troppo sono stati calpestati in questi ultimi decenni, il diritto che ha Dio a un culto degno e ad una musica che non sia il rigurgito del culto al dio denaro. Il musicista cattolico si riconoscerà dalla sua buona volontà nel collaborare con il clero ma anche nell'essere fermo nelle sue convinzioni quando esse sono fondate sulla vera tradizione della Chiesa. Bisogna che i componenti del clero comprendano che non sono i padroni della liturgia ma ne sono, potremmo dire, gli amministratori. La liturgia viene affidata loro, non è una loro invenzione. Se la liturgia non viene da Dio non è che una invenzione umana, e allora in quel caso la creatività affidata al caso e all'improvvisazione può funzionare bene: diversamente, invece, se la liturgia è un patrimonio che la tradizione ci consegna e che ultimamente viene da Dio. Il Vescovo, come dice l'etimologia del suo nome, è "colui che sorveglia e custodisce"[67]. Anche il Vescovo non è padrone della liturgia: anche i vescovi, e con loro il Papa, devono rendere conto ad una autorità più alta e infinitamente più potente. Ma se è vero che *prima sedes a nemine iudicatur*, è anche vero che il compito di pascere le pecorelle è preminente nel ruolo affidato al Santo Padre e ai Vescovi in comunione con la Sede Apostolica. Essi non possono, allontanandosi dalla Santa Tradizione e dalla Scrittura, legiferare in modo che il popolo sia danneggiato nella sua fede, sviato, ingannato: se in coscienza anche un semplice laico ritiene che atti magisteriali siano errati, ha la possibilità, e in qualche modo il dovere, di manifestare la propria ponderata valutazione. Il Catechismo della Chiesa cattolica fa cenno alla *correctio fraterna* (nn. 1435 e 1829), e tratta con ampiezza e documentazione la coscienza e la sua libertà (nn. 1776-1802). In un breve discorso del 2005, commentando l'espressione di San Paolo «esortatevi l'uno con l'altro» (*exortamini invicem*), Benedetto XVI definì la *correctio fraterna* come «atto di misericordia»: nessuno di noi riesce a «vedere bene se stesso»; ci si deve aiutare a «vedere meglio», disse Ratzinger[68]. Anche il Diritto

---

[67] «*Sorvegliante, o custode* è la traduzione migliore del termine ἐπίσκοπος»: BEYER 1967, col. 756.

[68] Discorso del 3 ottobre 2005, disponibile presso la pagina https://www.vatican.va/news_services/press/sinodo/documents/bollettino_21_xi-ordinaria-2005/05_tedesco/b05_05.html\#ERSTE_GENERALKONGREGATION_\%28MONTAG,_3._OKTOBER_2005,_VORMITTAG\%29. Il testo tedesco dice: «Die brüderliche Korrektur ist ein Werk der Barmherzigkeit. Keiner von uns sieht sich selbst gut, sieht gut seine Fehler.

Canonico del 1983 assicura ai fedeli la possibilità e in qualche modo il dovere di manifestare ai Pastori le loro eventuali osservazioni sulla direzione intrapresa dalla Chiesa:

"In modo proporzionato alla scienza, alla competenza e al prestigio di cui godono, essi hanno il diritto, e anzi talvolta anche il dovere, di manifestare ai sacri Pastori il loro pensiero su ciò che riguarda il bene della Chiesa; e di renderlo noto agli altri fedeli, salva restando l'integrità della fede e dei costumi e il rispetto verso i Pastori, tenendo inoltre presente l'utilità comune e la dignità delle persone" (Canone 212, § 3).

Vediamo bene come in questo canone il diritto di manifestare la propria opinione ha come presupposto la conservazione dell'integrità della fede; da quanto si è osservato nei capitoli precedenti, si potrà concludere che la condizione attuale della musica sacra rappresenta una minaccia verso l'integrità della fede, a causa dell'eliminazione del senso del sacro e dell'adorazione che dovrebbero costituire l'alimento continuo che la nostra vita spirituale trae dall'arte sacra. Una liturgia e una musica desacralizzate, infatti, non svolgono più la funzione di elevazione dei fedeli alla contemplazione delle cose spirituali e, prima di tutto, sono gravemente offensive verso la maestà di Dio.

Quindi abbiamo bisogno di laici ben formati, educati e soprattutto coraggiosi. Purtroppo è molto diffusa una forma di "clericalismo" che, come varie volte osservato da Papa Francesco, è fortemente caratteristico di non pochi sacerdoti: ma esiste anche un clericalismo dei laici cattolici, un'acquiescenza a scelte che pur essi sanno essere sbagliate, per paura di perdere occasioni di prestigio o di carriera. In questo senso non sono privi di colpe anche alcuni musicisti di Chiesa che rinunciano a servire Dio per servire questo o quel sacerdote, questo o quel Vescovo e rimangono in silenzio di fronte a evidenti profanazioni della liturgia perché sono più attaccati alla propria carriera che alla propria arte e alla propria integrità.

Und so ist es ein Akt der Liebe, einer dem anderen zu helfen, einander zu helfen, sich besser zu sehen, einander zu korrigieren.»

Certamente le nuove possibilità che offre la tecnologia, con nuovi ed immediati mezzi di comunicazione, costituiscono una grande opportunità ma anche un rischio, perché se è vero che offrono a coloro che faticano a far sentire la propria voce e diffondere efficacemente il proprio pensiero, dall'altra costituisco un grave rischio: come osservò Umberto Eco all'inizio dell'esplosione dei "social", il web rende pari la chiacchiera da bar all'intervento del premio Nobel, promuovendo, osservò lo studioso italiano, «l'invasione degli imbecilli»[69]. Pensiamo alle innumerevoli possibilità di formazione disponibile tramite YouTube, Facebook, Twitter, Newsletters e via dicendo. Bisogna essere in grado di capire cosa è utile e cosa è soltanto "rumore di fondo".

Lo studio attento e continuo della grande tradizione musicale della Chiesa cattolica, a cominciare dal canto gregoriano, costituisce qualcosa di imprescindibile per un musicista di Chiesa. Purtroppo oggi viene dato spazio a persone che non hanno ricevuto una formazione adeguata e che quindi credono che la musica sacra sia quella che è stata fatta loro ascoltare fin da ragazzi: e quasi tutti coloro che sono nati dopo gli anni '60 sono stati esposti a quel tipo di musica "sacra" della quale si è discusso nel presente volume; e la stessa situazione riguarda non pochi sacerdoti e anche Vescovi della medesima generazione. Per un ritorno al buon senso non si può che auspicare un ritorno alla sana tradizione, all'ascolto della grande eredità che i nostri padri ci hanno lasciato: non per essere nostalgici di un passato che ormai quasi nessuno può ricordare di aver vissuto, ma per costruire su solide fondamenta un futuro che abbia senso. Bisogna avere il coraggio della tradizione, bisogna conoscerla e mettersi al suo ascolto per trarre l'ispirazione per la costruzione del nuovo. Questo atteggiamento è oggi controcorrente, anche in certo senso pericoloso: chiunque si pone al di fuori del "mainstream" sa, per ciò stesso, di andare incontro all'emarginazione. Meglio in ogni caso correre questo rischio e rimanere nella verità piuttosto che prosperare nella menzogna.

---

[69] Cfr https://www.ansa.it/sito/notizie/cultura/libri/2015/06/10/eco-web-da-parola-a-legioni-imbecilli_c48a9177-a427-47e5-8a03-9ef5a840af35.html. L'intervento di Eco è del 10 giugno 2015; l'intellettuale italiano morì pochi mesi dopo, nel febbraio del 2016.

Ma certamente tutto questo non toglie che i problemi, per un musicista di Chiesa che voglia rimanere fedele all'essenziale della sua missione, sono davvero enormi. Si è già varie volte fatto cenno a quello che è probabilmente il problema forse più grande di tutti: il rapporto la parte maggiore del clero. Non si tratta di novità degli ultimissimi anni: un articolo del 1997 descriveva già questa situazione in forma di "sketch" narrativo[70], e dopo venticinque anni il cambiamento è certamente verso un'ulteriore stabilizzazione di questa realtà, dopo il passaggio di quasi di una generazione. Purtroppo il clero è sempre più privo di educazione nel campo liturgico e ancora di più in quello musicale, e addirittura in moltissimi seminari non si insegna neanche una parola di latino, rendendo quindi realmente complesso il rapporto con la musica sacra. Questa diseducazione è ovviamente contraria a tutto ciò che richiedono i testi del Vaticano II, ed è molto triste che queste scelte vengano presentate come applicazioni del Vaticano II stesso. Il risultato è che il clero è quasi inevitabilmente portato a prendere decisioni in queste materie che sono del tutto inadeguate, ponendo seri ostacoli a coloro che cercano di svolgere il proprio compito con dignità e rispetto per la liturgia. Questa è una delle tragedie più grandi per la Chiesa cattolica, in quanto una liturgia sfigurata da quella disordinata "creatività" e da quel "protagonismo" sui quali richiamo l'attenzione Ratzinger fin dagli anni '80 del Novecento (si veda il già citato RATZINGER 1990) non costituisce un ambiente nel quale possa albergare la musica sacra, e in fin dei conti non aiuta certamente a incrementare la vita della fede. Ci si dovrebbe domandare come mai la Chiesa, in vista di una riforma liturgica come quella successiva al Vaticano II, non abbia realizzato quanto richiesto dal Concilio stesso, promuovendo un'educazione liturgica e musicale adeguata, continuando a formare i propri preti nella tradizione e nel contempo aprendosi alle nuove esigenze. In questo modo si sarebbe garantito quello "sviluppo

---

[70] MILANESE 1997. Questo breve articolo, pubblicato originariamente sulla rivista di musica corale «La Cartellina», ha conosciuto un'inattesa fortuna ed è riprodotto su molti siti web, senza per altro che l'autore abbia concesso alcun permesso di riproduzione: si veda ad es. https://digilander.libero.it/gregduomocremona/milanese.htm.

organico" della liturgia e della musica sacra che è al centro della *Sacrosanctum Concilium* e di tutto il Magistero, assicurando quindi la conservazione della necessaria dignità e solennità della celebrazione e della sua "parte integrante", come felicemente dice il Vaticano II, cioè appunto la musica sacra. Certo, bisogna comprendere come i sacerdoti di oggi siano anche loro figli della nostra società: anche loro, quindi, sono stati formati in una certa cultura con tutti i suoi grandi limiti. Questo è certamente vero, ma in realtà sarebbe un motivo ancora più grande per richiedere una formazione più rigorosa che metta al riparo dai tanti pericoli che vengono dall'ambiente profano e possa provvedere il clero di quella capacità di affrontare positivamente il dialogo con mondo circostante senza farsene travolgere che è al centro di tanti testi del Vaticano II.

La scarsità delle vocazioni è un problema tanto grave che si rischia che vengano accettati candidati senza un sufficiente discernimento. Varrebbe la pena di osservare che invece gli istituti di formazione orientati in senso tradizionale, sia in situazione canonica perfettamente regolare, come la Fraternità San Pietro, sia in situazione canonica irregolare, come la San Pio X, riscontrano sempre un grande numero di vocazioni e ordinano ogni anno decine e decine di nuovi sacerdoti, che seguono un percorso di studio molto rigoroso. Può venire da questi istituti la via di recupero per la musica sacra? Per quanto riguarda il gregoriano, cioè la base della musica sacra, è difficile pensarlo, almeno al momento attuale. Purtroppo, infatti, in molti di questi istituti lo studio del canto gregoriano è fondato su una manualistica che erroneamente si ritiene "tradizionale", mentre riflette solo la prassi divulgativa che dominò per un breve periodo, circa dal 1910 al 1970, durante il quale una teoria ritmica particolare (detta impropriamente "di Solesmes") venne diffusa attraverso i volumi di uso corrente in quei decenni da parte del clero, come il celeberrimo *Liber Usualis*. Non si tratta dunque di un modo "tradizionale" di cantare, ma solo del metodo che si diffuse nella prima parte del Novecento con lo scopo di permettere a tutti i sacerdoti di cantare un repertorio, il gregoriano, che in realtà richiede seria preparazione. Lo stesso dom Jean

Claire, direttore del coro dell'abbazia di Solesmes per molti anni, chiarì che a Solesmes non si era mai cantato seguendo quello che veniva chiamato il "metodo di Solesmes" (CLAIRE 1990)[71].

La preparazione liturgica e musicale povera porta molti sacerdoti a irrigidirsi nelle loro posizioni proprio perché non hanno avuto alcuna occasione di contatto con la grande tradizione della Chiesa. Come su rilevato, l'appello al Vaticano II per giustificare la banalizzazione della musica sacra è privo di fondamento: il Vaticano II ha parole precise e ben chiare sul ruolo della musica sacra, del latino e dell'educazione del clero. Non possiamo dimenticare le parole di Benedetto XVI nel famoso discorso del 22 dicembre 2005 per gli auguri di Natale alla curia romana[72]:

> *"Emerge la domanda: Perché la recezione del Concilio, in grandi parti della Chiesa, finora si è svolta in modo così difficile? Ebbene, tutto dipende dalla giusta interpretazione del Concilio o – come diremmo oggi – dalla sua giusta ermeneutica, dalla giusta chiave di lettura e di applicazione. I problemi della recezione sono nati dal fatto che due ermeneutiche contrarie si sono trovate a confronto e hanno litigato tra loro. L'una ha causato confusione, l'altra, silenziosamente ma sempre più visibilmente, ha portato frutti. Da una parte esiste un'interpretazione che vorrei chiamare "ermeneutica della discontinuità e della rottura"; essa non di rado si è potuta avvalere della simpatia dei mass-media, e anche di una parte della teologia moderna. Dall'altra parte c'è l'"ermeneutica della riforma", del rinnovamento nella continuità dell'unico soggetto-Chiesa, che il Signore ci ha donato; è un soggetto che cresce nel tempo e si sviluppa, rimanendo però sempre lo stesso, unico soggetto del Popolo di Dio in cammino. L'ermeneutica della discontinuità rischia di finire in una rottura tra Chiesa preconciliare e Chiesa postconciliare. Essa asserisce che i testi del Concilio come tali non sarebbero*

---

[71] Intorno a queste teorie fiorì un'immensa bibliografia di trattati, manuali, "introduzioni", tutte in qualche modo dipendenti dalla grande opera di dom André Mocquereau (1849-1930) *Le nombre musical grégorien* (MOCQUEREAU 1908). Tuttora attiva è la Fondazione Ward, che ha diffuso il "metodo" negli Stati Uniti: cfr ad es. https://music.catholic.edu/faculty-and-research/areas-of-research/ward-method-studies/ward-method/index.html.

[72] https://www.vatican.va/content/benedict-xvi/it/speeches/2005/december/documents/hf_ben_xvi_spe_20051222_roman-curia.html

ancora la vera espressione dello spirito del Concilio. Sarebbero il risultato di compromessi nei quali, per raggiungere l'unanimità, si è dovuto ancora trascinarsi dietro e riconfermare molte cose vecchie ormai inutili. Non in questi compromessi, però, si rivelerebbe il vero spirito del Concilio, ma invece negli slanci verso il nuovo che sono sottesi ai testi: solo essi rappresenterebbero il vero spirito del Concilio, e partendo da essi e in conformità con essi bisognerebbe andare avanti. Proprio perché i testi rispecchierebbero solo in modo imperfetto il vero spirito del Concilio e la sua novità, sarebbe necessario andare coraggiosamente al di là dei testi, facendo spazio alla novità nella quale si esprimerebbe l'intenzione più profonda, sebbene ancora indistinta, del Concilio. In una parola: occorrerebbe seguire non i testi del Concilio, ma il suo spirito. In tal modo, ovviamente, rimane un vasto margine per la domanda su come allora si definisca questo spirito e, di conseguenza, si concede spazio ad ogni estrosità. Con ciò, però, si fraintende in radice la natura di un Concilio come tale. In questo modo, esso viene considerato come una specie di Costituente, che elimina una costituzione vecchia e ne crea una nuova. Ma la Costituente ha bisogno di un mandante e poi di una conferma da parte del mandante, cioè del popolo al quale la costituzione deve servire. I Padri non avevano un tale mandato e nessuno lo aveva mai dato loro; nessuno, del resto, poteva darlo, perché la costituzione essenziale della Chiesa viene dal Signore e ci è stata data affinché noi possiamo raggiungere la vita eterna e, partendo da questa prospettiva, siamo in grado di illuminare anche la vita nel tempo e il tempo stesso".

Questo testo non è stato e non è esente da critiche e da contestazioni. Ma credo per il nostro scopo sia interessante sottolineare l'inquadramento che fa il Papa (che al Concilio Vaticano II aveva autorevolmente partecipato come consulente teologico del Cardinale Frings e perito del Concilio) rispetto a chi pretende che quel Concilio sia come un nuovo inizio che cancella tutto quello che lo ha preceduto. Naturalmente questo atteggiamento ha avuto conseguenze devastanti sulla liturgia e sulla musica sacra, conseguenze nelle quali siamo ancora immersi.

Non è semplice immaginare un futuro positivo per la musica sacra, nel clima liturgico e musicale in cui ci troviamo. In un famoso discorso di mezzo secolo fa, nel quale si riferì al «fumo di Satana entrato nel tempio», Paolo VI osservava[73]:

> *"Si credeva che dopo il Concilio sarebbe venuta una giornata di sole per la storia della Chiesa. È venuta invece una giornata di nuvole, di tempesta, di buio, di ricerca, di incertezza. Predichiamo l'ecumenismo e ci distacchiamo sempre di più dagli altri. Cerchiamo di scavare abissi invece di colmarli".*

Cinquant'anni dopo, siamo in un tempo in cui la Chiesa è sballottata da mille problemi e mille sollecitazioni. L'unica speranza è che Dio intervenga per raddrizzare il timone e riportare la barca di Pietro, con lo splendore della sua liturgia e della sua musica, su una rotta sicura. Per concludere questo discorso indicando un compito che spetta a tutti, laici e componenti del clero, che abbiano competenze in questo campo e che vogliano metterle fiduciosamente e generosamente al servizio della Chiesa, si potranno ancora citare le parole di Papa Montini[74]:

> *"bisogna, diciamo, costruire la Chiesa; bisogna restaurarla, bisogna edificarla, bisogna ampliarla. Il disegno completo della sua costruzione non è ancora stato eseguito".*

Restaurare, edificare, ampliare: può essere questo il motto del musicista che voglia, oggi, servire la Chiesa attraverso la musica sacra. E che la grande sofferenza a cui si sottopone per rimanere fedele alla tradizione della Chiesa possa essere un giorno ripagata.

---

[73] https://www.vatican.va/content/paul-vi/it/homilies/1972/documents/hf_p-vi_hom_19720629.html

[74] https://www.vatican.va/content/paul-vi/it/audiences/1966/documents/hf_p-vi_aud_19661207.html

RIFERIMENTI BIBLIOGRAFICI

AMERIO, Romano (1985). *Iota unum: studio delle variazioni della Chiesa cattolica nel secolo XX*. Milano – Napoli: Riccardo Ricciardi. Nuova edizione *Iota unum: studio delle variazioni della Chiesa cattolica nel secolo XX*. Con introd. di Divo BARSOTTI, Luigi NEGRI e Giovanni CAVALCOLI. Verona: Fede & Cultura, 2009.

ANTONELLI, Cristiana (1988). «Composizioni "maqam" nei repertori liturgici latini». In: *Musica e liturgia nella cultura mediterranea: atti del Convegno internazionale di studi (Venezia, 2-5 ottobre 1985)*. A cura di Piero G. ARCANGELI. Quaderni della Rivista italiana di musicologia (Società italiana di musicologia) 20. Firenze: Olschki, pp. 177–84.

BASSI, A. (1994). «Gaspare Spontini e la riforma della musica di chiesa». In: *Rivista internationale di musica sacra* 15, pp. 271–9.

BERGERON, Katherine (1998). *Decadent enchantments: the revival of Gregorian chant at Solesmes*. Berkeley: University of California Press.

BERRY, Mary (2001). «John XXII [Duèse, Jacques]». In: *Grove Music Online*.
https://www.oxfordmusiconline.com/grovemusic/view/10.1093/gmo/9781561592630.001.0001/omo-9781561592630-e-0000014386. Oxford University Press.

BERTI, Enrico (2020). *Saggi di storia della filosofia*. Roma: Edizioni Studium.

BEYER, H.W. (1967). «ἐπισχέπτομαι, ἐπισχοπέω, ἐπισκοπή, ἐπίσκοπος, ἀλλοτριεπίσχοπος». In: *Grande lessico del Nuovo Testamento*. Edizione italiana a cura di F. Montagnini - Giuseppe Scarpat - O. Soffritti. *Vol. 3*. A cura di Gerhard KITTEL e Gerhard FREIDRICH. Brescia: Paideia, coll. 731–795.

BIANCHI, Lorenzo (2002). *Liturgia. Memoria o istruzioni per l'uso? Studi sulla trasformazione della lingua dei testi liturgici nell'attuazione della riforma.* Casale Monferrato: Edizioni Piemme.

BOTTE, Bernard (1935). *Le canon de la messe romaine.* Louvain: Abbaye du Mont César.

BOTTE, Bernard e Christine MOHRMANN (1953). *L'Ordinaire de la messe.* Paris: Éditions de Cerf – Louvain: Abbaye du mont César.

BUGNINI, Annibale (1949). «Per una riforma liturgica generale». In: *Ephemerides Liturgicae* 63, pp. 165–184.

— (1983). *La Riforma liturgica (1948-1975).* Roma: LV. Edizioni liturgiche.

CALLIARI, Giuseppe (2022). *Laurence Feininger. Un cammino di vita alla ricerca del sublime tra arte, musica e fede.* Trento: TeSto.

CARDINE, Dom Eugène (1970). *Sémiologie grégorienne.* Solesmes: Abbaye Saint-Pierre de Solesmes.

— (1979). *Semiologia gregoriana.* A cura di G. JOPPICH e R. FISCHER. 2ª ed. Roma: Pontificio Istituto di musica sacra.

CASADEI TURRONI MONTI, Mauro (2011). *Lettere dal fronte ceciliano: le visioni di don Guerrino Amelli nei carteggi conservati a S. Maria del Monte di Cesena.* Firenze: L.S. Olschki.

CASADEI TURRONI MONTI, Mauro e Cesarino RUINI, cur. (2004). *Aspetti del cecilianesimo nella cultura musicale italiana dell'Ottocento.* Monumenta studia instrumenta liturgica 36. Città del Vaticano: Libreria Editrice Vaticana.

CATTIN, Giulio (1984). *Music of the Middle Ages 1.* Translated by Steven Botterill. Cambridge: Cambridge University Press.

— (1991). *La monodia nel medioevo.* Torino: EDT.

CLAIRE, Jean (1990). «Centocinquanta anni di studi gregoriani a Solesmes». In: *Boll. Associaz. Internaz. Studi Canto Gregoriano* 15. Traduzione italiana e note di Guido Milanese. Edizione originale in "Lettre aux Amis" 1988 n. 4, pp. 9-27, pp. 3–27.

CLERCK, Paul De (1994). «"Lex orandi, lex credendi": The Original Sense and Historical Avatars of an Equivocal Adage». In: *Studia Liturgica* 24.2, pp. 178–200.

COMBE, Pierre (1969). *Histoire de la restauration du chant gregorien d'après des documents inedits.* Solesmes: Abbaye de Solesmes.

— (2003). *The restoration of Gregorian chant: Solesmes and the Vatican edition.* Trad. da Theodore N. MARIER e William SKINNER. Washington, D.C: Catholic University of America Press. *Histoire de la restauration du chant gregorien d'après des documents inedits.* Solesmes: Abbaye de Solesmes, 1969.

CORRÊA DE OLIVEIRA, Plinio (2009). *Rivoluzione e contro-rivoluzione: edizione del cinquantenario (1959-2009); con materiali della fabbrica del testo e documenti integrativi.* Con introd. di Giovanni CANTONI. Milano: Sugarco.

CROSSLEY-HOLLAND, Peter (1976). «The Ritual Music of Tibet». In: *The Tibet Journal* 1.3/4, pp. 45–54.

DAVIES, Michael (1976). *Cranmer's Godly order: the destruction of Catholicism through liturgical change.* Dickinson, Texas: Angelus Press. Trad. ital. *La riforma liturgica anglicana.* Albano Laziale: Ichthys, 2005.

— (2003). *Liturgical Time Bombs in Vatican II.* Rockford, IL: Tan Books.

DE MATTEI, Roberto (2019). *Il Concilio Vaticano II: una storia mai scritta.* 2ª ed. Torino: Lindau.

DE MATTEI, Roberto (2009). *La liturgia della Chiesa nell'epoca della secolarizzazione.* Chieti: Solfanelli.

DELLA CROCE, Theodossios Maria (2001). *Scoprire l'altro universo: la via sacra della Redenzione.* 3ª ed. Roma: Città Nuova.

DENECKER, Tim (2018). «Among Latinists: Alfred Ernout and Einar Löfstedt's responses to the 'Nijmegen School' and its Christian Sondersprache hypothesis». In: *Historiographia Linguistica* 45, pp. 325–362.

Dessì, Paola e Antonio Lovato, cur. (2017). *Giovanni Tebaldini (1864-1952) e la restituzione della musica antica*. Centro Studi Antoniani 61. Padova: Centro Studi Antoniani.

Drumbl, Johann (1981). *Quem quaeritis: teatro sacro dell'alto Medioevo*. Roma: Bulzoni.

— (2003). «Studien zum *Codex Buranus*». In: *Aevum* 77, pp. 323–356.

English-Latin Roman Missal (1966). *English-Latin Roman Missal for the United States of America*. Containing the Mass text from the Roman Missal and the prayers of the celebrant together with the Ordinary of the Mass from the English-Latin sacramentary. New York: Betzinger Brothers.

Fellerer, K. Gustav (1967). «Gregoriano, Fiamminghi e Riforma nella musica di Palestrina». In: *Nuova Riv. Music. Ital.* 1, pp. 449–464.

Fellerer, K.G. e Moses Hadas (1953). «Church Music and the Council of Trent». In: *The Musical Quarterly* 39, pp. 576–594.

Foley, Edward (1984). *Music in ritual: a pre-theological investigation*. Washington, D.C: Pastoral Press.

— (2009). *Foundations of Christian Music: The Music of Pre-Constaninian Christianity*. Piscataway, NJ: Gorgias Press.

Fubini, Enrico (1994). *La musica nella tradizione ebraica*. Torino: Einaudi.

— (2012). *Musica e canto nella mistica ebraica*. Firenze: Giuntina.

Gallo, F. Alberto (1991). *La polifonia nel Medioevo*. 2ª ed. Nuova ed., ampliata, riv. e corr. Torino: E.D.T.

Gnerre, Corrado (2013). *La rivoluzione nell'uomo: una lettura anche teologica del '68*. Con introd. di Roberto de Mattei. Verona: Fede e Cultura.

Gozzi, Marco (2010). «Sulla necessità di una nuova edizione del laudario cortonese». In: *Philomusica on-line* 9.2, pp. 114–174.

Hwang, Alexander Y. (2010). «Prosper, Cassian, and Vincent: the rule of faith in the Augustinian controversy». In: *Tradition & the rule of faith in the early Church: essays in honor of Joseph T. Lienhard, S.J.* A cura di Ronnie J. Rombs e Alexander Y. Hwang. Washington,

D.C: Catholic University of America Press, pp. 68–88.

IDELSOHN, Abraham Zebi (1929). *Jewish music in its historical deve-lopment*. Reprint New York: Dover 2011. New York: Henry Holt & Company.

JEFFERY, Peter (1992). *Re-envisioning past musical cultures: ethnomu-sicology in the study of Gregorian chant*. Chicago – London: University of Chicago Press.

KITTEL, Gerhard e Gerhard FREIDRICH, cur. (1967). *Grande lessico del Nuovo Testamento*. Edizione italiana a cura di F. Montagnini - Giuseppe Scarpat - O. Soffritti. *Vol. 3*. Brescia: Paideia.

KURKDJIAN, Gérard (2016). *Le grand livre des musiques sacrées du monde*. Paris: Albin Michel.

KVAALVAAG, Robert W (2019). *God of Time and Space: New Perspectives on Bob Dylan and Religion*. s.l.: Cappelen Damm Akademisk/NO-ASP (Nordic Open Access Scholarly Publishing).

LANG, Uwe Michael (2003). *Conversi ad Dominum. Zu Geschichte und Theologie der christlichen Gebetsrichtung*. Mit einem Geleitwort von Joseph Cardinal Ratzinger. Freiburg: Johannes Verlag Einsiedeln.

— (2012). *The voice of the church at prayer: reflections on liturgy and language*. San Francisco: Ignatius Press.

— (2022). *The Roman Mass: from early Christian origins to Tridentine reform*. Cambridge: Cambridge University Press.

LIVI, Antonio e Aurelio PORFIRI (2018). *Dogma, teologia e pastorale: un teologo parla*. Hong Kong: Chorabooks.

MALTBY, Robert (1991). *A Lexicon of Ancient Latin Etymologies*. Leeds: Fr. Cairns.

MILANESE, Guido (1997). «Peccato, Maestro... Ma come, Maestro! Latino, gregoriano, musica sacra oggi». In: *La Cartellina*, pp. 3–12.

— (2005). «Da Pustet al tradizionalismo del 2000». In: *Musica e storia* 13, pp. 515–529.

— (2014a). «Newman e il Gregoriano: note preliminari». In: *Studi Gregoriani* 30, pp. 5–32. English trans. «Newman and Gregorian Chant». In: *Antiphon* 20.2 (2016), pp. 123–150.

— (2014b). «Sondaggi su grafie gregoriane e suono del latino». In: *Latinitas: Commentarii linguae Latinae excolendae provehendae* n.s. 2, pp. 51–68.

— (2015). «La pronuncia del latino e il canto gregoriano: note d'insieme». In: *Studi Gregoriani* 31, pp. 63–82.

MOCQUEREAU, Dom André (1908). *Le nombre musical grégorien, ou Rhythmique gregorienne, théorie et pratique*. Tournai – Rome [etc.]: Societè Saint Jean l' Evangeliste, Desclee.

MOHRMANN, Christine (1957). *Liturgical Latin: its origins and character*. Three lectures (delivered on May 8, 9, and 10, 1957 at the Catholic University of America). Washington, D.C: Catholic University of America Press.

— (1965). *Études sur le latin des chrétiens*. Vol. 3: *Latin chrétien et liturgique*. Roma: Edizioni di storia e letteratura.

NEWMAN, John Henry (1833). *The Arians of the fourth century: their doctrine, temper, and conduct, chiefly as exhibited in the councils of the church, between A.D. 325, & A.D. 381*. London: J.G. & F. Rivington.

— (1864). *Apologia pro vita sua: being a reply to a pamphlet entitled "What, then, does Dr. Newman mean?"* English. 1ª ed. London: Longman, Green, Longman, Roberts, e Green.

— (2014). *Loss and gain. The story of a convert*. A cura di Sheridan GILLEY. Leominster: Gracewing. Trad. ital. Bruno GALLO, cur. *Perdita e guadagno. Storia di una conversione*. Mondi letterari 23. Milano: Jaca Book, 1996.

O'CALLAGHAN, Donal (1983). «A Brudevaelte Lur Re-Examined: The Evidence for Ritual Music in the Scandinavian Late Bronze Age». In: *The Galpin Society Journal* 36, pp. 104–108.

OTTO, Rudolf (1917). *Das Heilige: über das Irrationale in der Idee des Göttlichen und sein Verhältnis zum Rationalen*. Breslau: Trewendt & Granier. Trad. *Il sacro*. Milano: SE, 2016.

PENYEH, Tsao e Shi XINMING (1992). «Current Research of Taoist Ritual Music in Mainland China and Hong Kong». In: *Yearbook for Traditional Music* 24, pp. 118–125.

PORFIRI, Aurelio (2017). ««Musicam sacram»: 50 anni di un documento controverso». In: *Rivista Internazionale di Musica Sacra* 38, pp. 323–334.

— (2013). *Il canto dei secoli*. Venezia: Marcianum Press.

— (2017a). *Ci chiedevano parole di canto*. Hong Kong: Chorabooks.

— (2017b). *La Messa in-canto*. Hong Kong: Chorabooks.

— (2018). *Delle cinque piaghe del canto liturgico*. Hong Kong: Chorabooks.

— (2019). *Messa a punto*. Hong Kong: Chorabooks.

— (2020a) *Non ti pago!* Hong Kong: Chorabooks.

— (2020b). *Cantate inni con arte e con suono melodioso*. Hong Kong: Chorabooks.

— (2020c). *Forever I will Sing*. Hong Kong: Catholic Centre Chinese University of Hong Kong (Chinese version), Chorabooks (English Version)

— (2021). *Un canto nuovo*. Hong Kong: Chorabooks.

— (2022a). *Che musica maestro?* Hong Kong: Chorabooks.

— (2022b). *Un grande future alle spalle*. Hong Kong: Chorabooks.

— (2022c). *Sing to the Lord*. Hong Kong: Spring Publications Limited (Chinese Version)

— (2023). *Ci hanno detto*. Hong Kong: Chorabooks.

PORFIRI, Aurelio e Aldo Maria VALLI (2018). *Sradicati*. Hong Kong: Chorabooks.

RATZINGER, Joseph (1981). *Das Fest des Glaubens: Versuche zur Theologie des Gottesdienstes*. 2ª ed. Einsiedeln: Johannes Verlag.

— (1985). «Liturgia e musica sacra». In: *Christus in Ecclesia Cantat*. A cura di J. OVERATH. Roma: CIMS, 47–60 [seguono tradd. in varie lingue].

— (1986). *The feast of faith: approaches to a theology of the liturgy*. San Francisco: Ignatius Press.

— (1990). *La festa della fede. Saggi di teologia liturgica*. 2ª ed. Milano: Jaca Book.

— (1997a). *Il sale della terra: cristianesimo e Chiesa cattolica nella svolta del millennio: un colloquio con Peter Seewald*. Cinisello Balsamo: San Paolo.

— (1997b). *La mia vita: ricordi (1927-1977)*. Cinisello Balsamo: Editrice San Paolo.

— (2001). *Introduzione allo spirito della liturgia*. Cinisello Balsamo: San Paolo.

— (2006). *Dare bellezza per la gloria di Dio: discorso alla Cappella musicale pontificia Sistina*. Panzano in Chianti: Feeria, Comunità di San Leolino.

— (2010). *Opera omnia*. Vol. 11: *Teologia della liturgia*. Città del Vaticano.

BENEDETTO XVI (2023). *Che cos'è il cristianesimo: quasi un testamento spirituale*. A cura di Elio GUERRIERO e Georg GÄNSWEIN. Milano: Mondadori.

ROSSEN, Jane Mink (1978). «The Suahongi of Bellona: Polynesian Ritual Music». In: *Ethnomusicology* 22.3, pp. 397–439.

SANDER, Ernest H. (2001). «Hocket». In: *Grove Music Online*. https://www.oxfordmusiconline.com/grovemusic/view/10.1093/gmo/ 9781561592630.001.0001/omo-9781561592630-e-0000013115. Oxford University Press.

SCHMIDT, K.L. (1969). «κύμβαλον». In: *Grande lessico del Nuovo Testamento*. Edizione italiana a cura di F. Montagnini - Giuseppe Scarpat - O. Soffritti. *Vol. 5*. A cura di Gerhard KITTEL e Gerhard FREIDRICH. Brescia: Paideia, coll. 1336–1340.

SCHNEIDER, Athanasius e PORFIRI Aurelio (2022). *La Messa cattolica. Passi per ripristinare la centralità di Dio nella liturgia*. Hong Kong: Chorabooks.

SCHNEIDER, Marius (1962). «Râga-Maqam-Nomos». In: *Die Musik in Geschichte und Gegenwart*. Vol. 10. Kassel: Bärenreiter, pp. 1864–1868.

— (1999). *Il significato della musica*. Milano: Rusconi.

SCRUTON, Roger (2009). *Beauty*. Oxford – New York: Oxford University Press. Trad. ital. *La bellezza. Ragione ed esperienza estetica*. Milano: Vita e Pensiero, 2011.

SENIOR, John (1978). *The death of Christian culture*. New Rochelle, N.Y.: Arlington House.

— (2008). *The restoration of Christian culture*. 2ª ed. 1983[1]. Norfolk, VA: IHS Press.

SIRI, Giuseppe (1978). *Pastorali quaresimali*. Genova.

STAGLIANÒ, Antonio (2018). *Pop-theology per giovani: autocritica del cattolicesimo convezionale per un cristianesimo umano*. Con introd. di Antonio SPADARO. Soveria Mannelli: Rubbettino.

— (2020). *Sulle note di Dio: pop-theology per far scoprire ai giovani la bellezza della fede*. Con introd. di Francesco COSENTINO. Soveria Mannelli: Rubbettino.

TAGLIAFERRI, Roberto (2009). *La tazza rotta: il rito : risorsa dimenticata dell'umanità*. Padova: Messaggero – Abbazia di Santa Giustina.

TYLOR, Edward Burnett (1871). *Primitive culture: researches into the development of mythology, philosophy, religion, art, and custom*. 3ª ed. London: John Murray.

WERNER, Eric (1959). *The sacred bridge: the interdependence of liturgy and music in synagogue and church during the first millennium*. London – New York: D. Dobson – Columbia University Press.

WINDISCH, Hans (1967). «Ἕλλην, Ἑλλάς, Ἑλληνικός, Ἑλληνίς, Ἑλληνιστής, Ἑλληνιστί». In: *Grande lessico del Nuovo Testamento*. Edizione italiana a cura di F. Montagnini - Giuseppe Scarpat - O. Soffritti. *Vol. 3*. A cura di Gerhard KITTEL e Gerhard FREIDRICH. Brescia: Paideia, coll. 469–504.

www.ingramcontent.com/pod-product-compliance
Lightning Source LLC
Chambersburg PA
CBHW052045150726
48002CB00002B/757